혜운 박기숙

방 한 칸의 우주

방 한 칸의 우주

박기숙 수필집

한국산문

작가의 말

　우주는 잠시도 가만있지 않고 돌고 돌아 어김없이 만물이 소생하며 숨 쉬는 입춘立春을 보내줍니다.
　내일은 달이 기울었다 차는 음력으로 정월 대보름이네요.
　지난날 시모님은 오 남매 앉혀놓고 토정비결 앞에 펼치시며 신수 보신다고 잣 끝에 불 켜고(훨훨 타는 것 보며 일 년 신수를 본다고) 저는 찹쌀로 오곡밥, 아홉 가지 나물, 부럼(땅콩·호두·잣) 준비해 아이들과 즐거운 하루 보낸 것이 아련한 추억이 되었습니다. 지금 바깥출입 모든 짐 내려놓고 서울을 벗어나 너른 평야 김포에 자리 잡고 있습니다. 무료하고 적적한 하루를 두 번째 수필집을 엮으며 보내고, 간혹 추억의 옛 그림도 그리며 혼자 마음을 달래고 지내고 있지요.

　지난날 친정어머님은 좌우명으로 '바르게' 한번 생각하고 행동으로 옮겨라.' 하셨습니다. 우리 사 남매는 언감생심焉敢生心 그분의 눈빛에 순종하며 자랐습니다. 노년에 골다공증, 허리 병 없는 것도 그분 말씀을 바르게 받아들인 덕이겠지요.

  그 후 오 남매 키우며 잠시도 한눈팔 수 없이 앞으로만 달리던 바쁜 일상 속에서도 아이들은 험난한 삭풍을 견디며 잘 따라주어 이제는 그들도 세월을 안고 초로初老를 맞아 아흔 넘은 이 늙은이하고 인생길 같이 걸어가고 있어 너무 감사합니다.

  일본의 100세 시인 시바타 도요紫田トヨ 할머니는 '인생은 언제나 지금부터다 / 누구에게나 아침은 반드시 온다.'고 했습니다.

  할머니는 결코 순탄한 생애를 보내지 않았지만 순수하고 아름다운 마음을 그대로 보여주는 시를 남겼습니다.

한숨짓지 마 / 햇살과 산들 바람은 / 한쪽 편만 들지 않아

꿈은 / 평등하게 꿀 수 있는 거야…

나도 괴로운 일 / 많았지만 살아 있어 좋았어

너도 약해지지 마

—「약해지지 마」

  그동안의 글 보따리 풀어 2014년 봄 첫 책 『꿈은 늙지 않는다』에 이어 이제 두 번째 책 『방 한 칸의 우주』를 상재하게 되었습니다.

  살아 있어 좋은 여든에 시작한 문학 수업의 길에서 임헌영 교수

님, 고경숙 선생님 내외분의 힘찬 격려와 박상률 선생님의 열성 어린 가르침을 받고 여기까지 걸어왔음에 감사드립니다. 젊은 벗님들의 불꽃같은 학구열에 자극받으며 힘든 몸과 마음을 채찍질했습니다. 변함없이 지극정성으로 수고해 주시는 문예바다 백시종 선생님, 한국산문 편집부장 박윤정 님, 머리 숙여 감사드립니다.

  하늘에서 지켜봐 주고 있는 동반자와 한시도 눈을 떼지 않고 지켜주는 오 남매와 짝꿍들이 있어 든든하게 견디고 있습니다. 끝으로 기라성 같은 아홉 손주들의 변함없는 따뜻한 격려가 힘이 되었노라 말하고 싶어요.

2023년 초여름에
박기숙

추천의 글

글을 쓰지 않을 수 없는 삶

박상률(작가)

 첫 수필집 제목을 '꿈은 늙지 않는다'로 하여서 꿈이 늙지 않으셨는지, 꿈을 또 잘 키워 우주에 방 한 칸을 들이시고 마침내 『방 한 칸의 우주』를 펴내시는 수필가 박기숙 선생님.
 90을 벌써 여러 해 전에 넘기신 연세인데도 늙을 수 없는 꿈을 키우고 계신 까닭에 '뒷방 늙은이'가 되지 않고 젊은이 못지않은, 아니 젊은이보다 더 왕성한 글농사를 지으셨다.
 첫 수필집은 물론 두 번째 수필집에서도 글을 쓰게 된 계기를 여기저기에서 알 수 있다. 옆에서 보기에도 글을 쓰지 않을 수 없는 삶을 살았다고 여겨진다. 당시 선친은 동아일보의 기자이셨다. 그때 기자는 지식인이자, 우국지사였다. 당대의 지식인이었기에 자식들에게 알게 모르게 지식의 샘을 제공하고, 그 샘물을 제대로 마시는 법까지 일러줄 수 있었으리라. 거기에 그쳤다면 앎의 세계에만 갇혔을 텐데, 나라를 걱정하는 우국지사로서의 삶 또한 자식의 본보기가 되었을 터. 그래서 박기숙 수필가의 글엔 풍경조차도 단순한 풍경의 겉모습 묘사로만 그치지 않고 그 풍경의 이면에 숨어 있는 속 모습까지 그려내는데, 그 속 모습이 보통 사람은 놓치기 쉬운 것들이지만 박기숙 수필가의 눈엔 역사의 싱흔들이 다 보인다.

게다가 어린 시절을 보낸 서울 광화문 일대의 풍경과 아버지의 지인들을 불러내 그리는 솜씨가 일품이었다. 아버지의 지인들 가운데 많은 분들이 당대의 지식인이자 우국지사들이었다. 그러한 모습들이 박기숙 수필가의 뛰어난 기억력 덕택에 문장에 실려 바로 눈앞에 있는 듯한 착각을 일으켰다.

두 번째 수필집 『방 한 칸의 우주』에선 첫 수필집에서 못다 한 얘기들이 실려 있다. 첫 수필집보다 자신의 교유 얘기가 더 많다. 서로 사랑하고 아끼는 지인들과 나눈 편지 등을 통해 자연스레 글쓴이의 내면 풍경을 알 수 있다.

어떠한 글이든 글은 글쓴이의 속내를 알 수 있게 한다. 그러하기에 독자는 이 수필집을 읽으면서 박기숙 수필가의 삶을 들여다보는 재미도 느낄 수 있으리라. 나아가 나는 어떻게 살고 늙어가야 하는지도 생각하게 될 것이다. 수필의 미덕 가운데 하나는 글쓴이뿐만 아니라, 글을 읽는 사람까지도 성찰할 수 있게 하는 점이다. 나아가 삶의 모든 궤적은 글로 갈무리할 수 있다!

목차

작가의 말 4

추천의 말
글을 쓰지 않을 수 없는 삶 _ 박상률 8

I 나의 문학 꽃씨

꽃뜰 이미경 님과 나눈 편지 14

이해인 수녀님과 나눈 편지 41

튼동 이규임 님과 나눈 편지 45

청주 대규엄마의 편지 48

나의 소박했던 반일 _ 전경원 51

II 문학과 더불어 사랑을 나누며

아날로그와 디지털	58
바람이 머물거든 꽃처럼 쉬게나	62
한강을 닮다	66
꽃씨로 비상하여	70
너는 개님이렸다	74
소명	78
그리움 지피는 사과 향기	82
호압사	86
자, 입을 벌려봐라	90
얼굴	94
천년 품속은 따뜻했네	98
세모시 옥색치마	103
저승이 얼마나 좋으면	107
기탄쟈리- 신께 드리는 송가	111
여인의 향기	115

시인의 언덕에 봄은 오는가	118
이름 석 자, 나다운 호號	122
흘러간 노래는 흥겨워	126
앞만 보고 걸으시오	129
오빠 생각	134
실꾸리에 세월을 감고	139
문방사우	143
여든에 시작한 글쓰기	148
초지일관	152
단풍지등	156
살아 있다, 이것만으로 충분하다	161
여기, 이승인가 저승인가	165
뒤로 밀리더라도	169
성신외교誠信外交	173
광화문 연가	177
방 한 칸의 우주	182
제 밥그릇 어디 갔어요	186

I 나의 문학 꽃씨

꽃뜰 이미경 님과 나눈 편지

이해인 수녀님과 나눈 편지

튼동 이규임 님과 나눈 편지

청주 대규엄마의 편지

나의 소박했던 반일 _ 전경원

박기숙 여사께

  사진과 편지, 카드 잘 받았습니다.
  참 반갑습니다.
  국제부인회 행사에서 나라 자랑하시는 박 여사의 모습 정말 당당하십니다.
  이 충무공李忠武公 시詩 작품도 아주 좋습니다.
  혜운彗雲이란 호號가 참 좋군요. 어감이 너무 좋아 한글 호號로도 훌륭합니다. 제가 못 지어드려 항상 마음에 걸렸는데 이젠 저도 마음이 놓입니다.
  작년에 어머님이 97세로 돌아가시고 100일 제례하고 말았습니다. 미안합니다.
  새해에도 더욱 건강하시고 소망하시는 모든 것들이 잘 이루어지기를 바랍니다.

1994년 1월
이미경 드림

박기숙 여사께

지난 3월 6일 비가 주룩주룩 오는 저녁나절 그 먼 길을 편치 않으신 분 혼자 놔두고 와주심 무어라 감사드려야 할지 모르겠습니다. 조 여사는 박 여사가 피천득 선생님 제자가 되시니 연락을 드리라고 한 것이지 나 보러 오라 한 것은 아닌데 염치없게 되었습니다. 어찌 되었든 그날 박 여사님, 이 여사님 뵈오니 무척 반가웠습니다.

보내주신 편지와 사진 잘 받았습니다. 전날은 조 여사가 여러 장 가지고 와 보여주는데 내 모습이 어찌나 어색하고 부자연스럽든지 그중 한 장만 골랐습니다. 보내주신 사진이 제일 잘된 것 같습니다. 사진을 좋아하지 않는 사람이 그날은 본의 아니게 찍혔습니다. 외출을 못 하다가 오랜만에 모처럼 나갔다가 얼마나 힘이 들었는지 다시는 그런 외출은 못 하겠습니다.

내가 뵙고 싶었던 문인文人이 세 사람 있습니다.

중학시절 간결한 문체의 소설 「久遠의 女像」을 읽으면서 간절히 뵙고 싶었던 상허 이태준尙虛 李泰俊 월북한 문인, 전문학교 입학하고 작문시간에 뵈옵고, 60년대 「조국祖國」 작가 현대시조 시인 정완영鄭椀永 선생님은 이지연 회장 시절 갈물회에서 시조時調 강연을 하셨는데 뵈옵고, 역시 수필 작가 피천득皮千得 선생을 꼭 뵙고 싶었는데 기회가 없다가 조 여사의 인연으로 뵙게 되어 너무나 기뻤습니다.

　연세가 많으셔도 조용하고 안정된 분위기는 그분의 아름다운 글에 정이 끌리듯 인품에도 정이 가더군요. 군더더기 하나 없이 극히 간결하고 깨끗한 글을 쓰시는 분으로 많은 풍성을 지니신 분이라고 느꼈습니다. 풍부한 감정이 정제된 글을 통해 많은 사람에게 깊은 감동을 안기는 그분들이 얼마나 존경스러운지 모릅니다. 一生을 통해 이런 인연을 만난다는 것은 행복한 일이지요. 박 여사님과 이 여사님과의 만남은 말할 것도 없구요.

　요새는 케이블TV 음악 프로가 없어졌습니다. 날씨가 좋아 밭일로 소일합니다. 겨우내 방구석에서 위축되었던 몸에 생기가 나고 굳었던 관절도 좀 부드러워지고요.
　생명력 질긴 잡초를 뽑으며 혼자 중얼거립니다. "내 생명도 어지간히 질기다. 너처럼 뽑아버려질 신세지만 의사들은 의술이란 제주로 命만 연장시키는구나" 하고.
　작년 1월 심장 수술 후 덤으로 사는 이 존재, 채소라도 가꾸어 식구들에게 작은 보탬이라도 되면 보람이라고 생각되어 즐겁게 일합니다.

　〈CALVIN & HOBBES〉 보내주신 것 보고 박 여사님의 사정을 짐작하게 됩니다.

나도 담석수술 전 2001년 봄까지 겪을 때는 몰랐지만 지금 생각하니 어떻게 지냈을까 생각이 듭니다. 옛말에 시어머니 시집살이는 수월해지고 남편 시집살이는 점점 무거워진다고 했습니다. 옳은 말이긴 하나 지금 세상은 편히 살 수 있는 길도 있습니다. 간병인이라는 전문가의 도움으로 환자뿐만 아니라 나까지도 도움을 받고 보니 그렇게 고마울 수가 없습니다. 문제는 간병인 도움까지는 필요치 않는 상태, 박 여사 같은 처지가 힘들 때입니다. 환자 간병도 중요하지만 자기 건강관리가 무엇보다도 중요합니다. 무리하지 마시고 지혜롭게 사십시오.

가물가물하던 불씨마저 꺼지고 이제 나는 재만 남았지만 박 여사야 재 속에 불씨가 남아 있겠지요. 지금이라도 그 불씨 활활 타도록 태울 수 있을까요? 현실과 타협이 안 이루어지면 어렵겠지요!

우리도 『동아일보』 봅니다. 맨 먼저 보는 것이 스포츠란이고 〈나대로〉 만화, 다음은 YMB 영어와 일본어, 〈CALVLN & HOBBES〉 아니면 〈문화가 흐르는 漢字〉 〈만화 386〉, 그리고 나서 12면에서 5면까지는 대강 훑고 6~7면을 읽습니다. 〈유미리의 8월의 저편〉, 금요일에는 〈이문열李文烈의 漢楚誌〉, 토요일에는 〈책의 향기〉, 그뿐입니다. 스포츠 채널에 맞추어 놓고 있으니 신문이라도 대강 읽어야지요. 그러나 읽은 즉시 다 잊어버립니다. 읽는 재미로 읽을 뿐입니다.

　편지까지 복사해 돌리시는 어머니의 극성 때문에 박 여사님의 어린 외손녀에게 칭찬을 들으니 기쁘군요. 책 선물을 자주 하신다고요. 나도 이번 어린이날에 문화상품권을 세 손주에게 선물했습니다. 넋두리가 길어졌습니다.
　이만 줄입니다. 아무쪼록 건강에 유의하시기 바랍니다.

2003년 5월 4일
이미경 드림 밤

박기숙 여사께

'오늘을 위한 기도' 감사합니다.
일상의 나의 기도가 이러하온 바 박 여사가 내 마음속에 깊이 자리하고 있는 까닭을 알았습니다. 박 여사의 글에서 풍기는 신선한 바람을 일으키며 다가옵니다.

또 한 해가 바뀌었습니다. 해는 늘 뜨던 그 해건만 나이 한 살 더했다는 사실이 새로울 뿐이지요. 올해 나이 86세, 해가 다르게 기운이 줄어가는 삶이 즐거울 수는 없지요. 그러나 하루하루를 안정되게 살아야 하겠기에 내 몸에 대해 정성을 기울입니다. 아프지 않도록, 넘어지지 않도록, 과식하지 않도록 주의합니다. 잠은 노력하지 않아도 많이 자게 되었습니다. 추울 때 밖에 나가면 감기도 감기려니와 심장에 부담이 되어 실내에서만 몸을 따뜻하게 하고 지냅니다. 그리고 마음은 항상 즐거움으로 가득 차 있습니다. 아침에는 케이블TV KBS코리아에서 보내주는 음악을 듣습니다.

주로 KBS 교향악단 연주와 협연하는 독주자, 바이올린, 첼로, 피아노, 성악 등, 또는 챔버오케스트라, 실내악, 피아노 독주, 국악 관현악 연주 등 아주 좋은 음악입니다.

그 외에는 24시간 보내주는 스포츠 채널에서 농구, 축구, 야구, 정구, 골프와 같은 재미있는 운동 경기를 보는 것이 큰 낙입니다.

그러니까 책은 읽을 새도 없습니다. 눈이 부담스러워서 책 읽기가 어렵기도 하거니와 건망증과 집중력이 떨어져 책 읽는 재미는 맛보기 어렵습니다.

할아버지 간병하시는 분이 나도 잘 돌봐주기 때문에 내 생애 中 가장 편안한 생활을 하고 있습니다. 진작에 남에게 베푸는 삶을 살았어야 했는데 하는 아쉬움에 스스로 부끄러워하지만 지난날은 이미 엎질러진 물, 다 잊고 오늘을 즐겁게 살렵니다.

항상 주위 사람들에게 사랑으로 화합을 이루시는 박 여사께 경의와 고마움을 느낍니다.

새해에는 더욱 건강하시어 주인 선생님 잘 보살펴 드리고 즐겁게 사시기 바랍니다.

2003년 5월 4일
이미경 드림

박 여사님

　두 번 편지 잘 받았습니다. 그렇지 않아도 궁금했습니다.
　얼마 전 전화로 안부는 들었지만 직접 만나보시고 알려주시는 소식이라 정말 반가웠습니다. 푸석푸석하고 기운이 없으리라는 것도 짐작했던 바이고요. 기억이 여전하다니 다행입니다. 심장 질환도 平時에는 멀쩡하다가도 별안간 증세가 발작하는 병이라 그러면 119 타고 병원 응급실로 갈 수밖에 없습니다. 자녀들이 근방에 살고 할아버지가 옆에서 늘 지켜보실 터이니까 큰 걱정은 없습니다. 요사이는 의술이 좋아 옛날 같으면 갈 사람도 살려내어 수명을 연장시키는 세상입니다.

　박 여사님! 저번 편지 재미있게 읽었습니다. 아드님 영어 실력이야 어머니의 영향이 클 테니까 외국에 안 갔어도 당연하겠지요. 음악은 음악적인 분위기에서 자라서 음악을 즐기면서 성악가도 되겠지요. 참으로 훌륭하십니다.
　우리 아들 영우가 미국 유학 갔을 때 첫 학기에 영어과목이 있더랍니다. 여자 영어 선생님이 영우보고 어디서 그렇게 영어를 잘 배웠냐고 묻더랍니다. 미국인 지도교수가 유전 공학회에 참석하기 위해 우리나라에 왔을 때 아버지가 그 교수를 식사 대접하는 자리에서 영우가 동양계 학생 중에는 영어를 제일 잘한다고 하시더랍니다. 영우 中1 때부터 카세트를 사주고 늘 따라 읽으라고 시켰더니 1, 2, 3학년 교과서의 문장을 카세트 따라 읽으면서 외울 수 있었는데 그것이 덕이 있었나 봅니다. 대학 다닐 때 다른 학생들 번역본으로 공부할 때 영우는 원본으로 공부한 것도 도움됐겠지요. 하여간 무슨 학문을 하든지 영어 실력이 첫째라고 생각되어 영어 과목에만은 내가 신경을 무척 썼습니다. 요즈음 어린이들을 해외 유학 보내는 것 얻는 것보다 잃은 것이 더 많지 않을까 걱정스럽게 생각하는 것은 시대를 역행하는 쓸데없는 기우일까요.

박 여사님 댁엔 온 가족이 음악 애호가시라 늘 명랑한 분위기에서 즐겁게 살고 계신 것 같습니다. 그래서 박 여사님 표정이 늘 밝고 다정하신가 봅니다.

이 여사님 댁은 전통적이면서도 이 여사님의 기발한 창의력으로 가정을 멋들어지게 운영해오신 분이구요. 장 여사, 정 여사, 맹 여사, 이정자 씨, 다들 좋은 분이구요. 생각할수록 좋은 인연의 모임인 것 같습니다. 이제 나는 그런 좋은 분들하고도 어울릴 기력 없는 몸이 되었습니다. 귀도 어두워 가장 다정하게 지내던 한 살 아래 우리 시누님의 재미있는 이야기도 잘 못 들으니까 점점 멀어져가는 느낌입니다. 허리 굽고 걸음 걷기 어려워 그렇게 좋아하던 山에도 못 가고 항상 山을 그리며 살고 있습니다. 요새는 풀 뽑는 일이 가장 나에게 알맞은 일인 것 같습니다. 이렇게 소일거리가 있다는 것이 얼마나 고마운 일입니까. 10년 전에 우리도 아파트 가자고 남편을 졸랐더니 혼자 가라고 해서 섭섭했는데 지금 와서 생각하니 그때 내가 철이 없었다고 생각됩니다.

젊어서는 세상살이에 얽매어 살다가 늙어서 흙과 자연과 친하게 지내다가 아주 흙으로 돌아가는 것이 자연스럽다는 생각이 듭니다.

남 교수가 정년퇴직하면서 화구 사 들고 자연과 대화하러 다니다가 70 후반 기력이 줄어들었을 때는 한문공부 다시 하면서 불경공부를 열심히 하다가 누웠는데 죽음을 앞두고 준비과정이 너무나 훌륭하다는 생각이 듭니다. 말없이 누워있으면서 항상 평화로운 모습은 옆에 사람들에게도 평온한 마음을 갖게 합니다.

내 옆에는 살림 도우미, 환자 도우미가 늘 있어 내 생에 있어서 가장 안락한 생활을 하고 있으면서 염치없다는 생각이 떠오를 때가 많습니다.

박 여사님처럼 가끔 편지를 주시는 분도 계시니 얼마나 행복합니까!

정말 고맙습니다.

이만 줄이면서 박 여사님 양주분 항상 건강하시기를 바랍니다.

2003년 6월 27일
이미경 드림

편지가 도로 왔습니다. 살펴보니 주소를 잘못 썼더군요.
보낼까 말까 하다가 보냅니다. 날이 본격적으로 더워집니다.
시원하고 간편한 옷 잘 입겠습니다.

2003. 7월 5일

박기숙 여사님!

여사님의 편지 받고 한 달 지났습니다. 너무 무심했죠.
오늘 불현듯 여사님 생각이 났습니다. 요사이 어떻게 지내시는지요. 지난번 편지에는 마음잡으시느라 애쓰시는 모습이 역력했습니다. 궁금한 것은 병원의 검진 결과입니다. 편지에 그 소식은 없었습니다.

그동안 우리 집안에도 슬픈 일이 있었습니다. 우리 집 손아래 아우 되는 분이 갑자기 세상을 떴습니다. 나이는 75세, 그는 서울공대 화공과를 나와 금성사에서 퇴직한 후 일념의 신앙생활로 성당에서 봉사생활을 하다가 71세에 서강대 신학대학원을 마치고도 계속 공부에 열중하며 가르치며 신앙생활을 해왔는데 하루는 집에서 쓰러져 119로 병원에 갔지만 워낙 뇌출혈이 심해 11일 만에 갔습니다. 이것이 1월 초순이었습니다. 바짝 마른 몸으로 자기 몸 관리는 뒷전으로 오로지 한 곬으로 성직자 생활을 하자니 무리가 많았겠지요. 주위에서는 복 좋은 분이라고 합니다. 子女들 훌륭하고 아픈 고통 없이 긴병 받지 않고 갔으니 얼마나 복이냐고요. 아버님이 일찍 돌아가셔서 兄님이 아버님을 대신해 공부시키고 결혼시켜 집 장만까지 해주며 무척 공들인 아우인데 그 인품이 너무 아깝고 원통해 한동안은 나도 마음이 잡히지 않앉습니다. 병상의 늙은 兄님도 얼마 동안은 상태가 좋지 않았습니다.

그러니 유달리 다감한 박 여사님의 마음을 누군들 헤아릴 수 있겠습니까. 그만큼 혼자서 지탱하시느라 노력하시는 모습이 존경스럽습니다.

가족과 어울려 살 때도 그렇지만 혼자서 살려면 첫째가 건강 둘째도 건강 셋째도 건강입니다. 항상 유의하셔서 잡숫는 것 잘 챙겨 잡숫기 바랍니다.

2004년 2월 18일
이미경 드림

박 여사님

박 여사님 편지에는 항상 아름다운 글을 적어 보내주셔서 메마른 가슴에 눈물 같은 정이 촉촉이 스며듭니다. '인디안의 기도'에 그대의 집에 들어가는 이들 모두를 축복하는 따뜻한 마음에 저절로 행복이 느껴지지요.

박 여사님은 항상 훌륭한 글을 벗하고 계셔서 그렇게 정이 넘치나 봅니다.

다람쥐 쳇바퀴 돌 듯 돌아가는 일상에 매달려 하루하루를 지내는 이 늙은이는 박 여사님의 편지를 받을 때마다 신선한 감동을 느낍니다.

파란 하늘이 높고 햇살이 투명해지면 지팡이 짚고 山으로 들로 가을을 만끽하던 때가 그립습니다. 몸 따로 마음 따로 조화를 못 이루는 늙음이 이제는 모든 것을 포기하고 체념할 수 있어 그나마 다행입니다. 살아 숨 쉬는 동안 넘어져 다치지나 말아야겠다는 일념으로 고만큼이라도 긴장을 유지하고 정신을 가다듬습니다.

"어른은 한 번 되고 아이는 두 번 된다"는 어른들 말씀이 절실히 실감됩니다. 아기처럼 本能만 남아 젊은이들이 차려주는 하루 세 번 음식 먹고 눈이 감겨 누우면 잠이 듭니다. 아기들은 자라느라고 먹고 자고 먹고 자고 하지만 늙은이는 영원히 잠들 그 때를 준비(연습)하느라고 먹고 자고 먹고 자고 하나 봅니다.

박 여사님은 나처럼 늙을 것 같지는 않습니다.
지난 초여름에 보내주신 부채를 보면 놀랍습니다. 그 섬세한 솜씨뿐 아니라 그 의욕이 아직도 소녀 같으십니다. 항상 머리맡에 두고 펴보며 여사님 생각하고 즐기고 있습니다.
올해는 나도 옥수수를 거둬들였습니다. 봄, 여름 채소 작황이 엉망이라 재미가 없었지만 옥수수는 재미 좀 봤습니다.

이 여사님은 그 성격에 모임에도 안 나오시는 것 보니 이제야 늙으셨나 봅니다. 건강관리도 자신이 하는 것이지요. 잘하시는 것입니다. 남은 분들 자주 모이고 즐기십시오. 우리 동창은 반은 가고 반은 남았는데 약 십 년 전부터는 모이지도 못하고 소식도 끊겼습니다.

복사해 보내주신 '정 트리오' 얘기 잘 읽었습니다. 얼마나 훌륭들 합니까? 그 어머니 이원숙李元淑 씨는 나와는 배화 중학시절 피아노를 같이 공부해 그때(1937) 교내에서 기타 독주회를 가진 바 있습니다. 우리는 그때 기타라는 악기를 처음 보았지요. 그만큼 음악을 사랑하는 이였어요. 그 재능을 이어 받은 子女들이 특출한 데다가 어머니의 헌신적인 열정이 세계적인 음악가로 키웠지요. 그 엄마는 중학시절부터 신앙이 깊어서 나중에는 미국서 신학을 공부해 목사가 되었답니다. 하여간 사업수완도 능하고 높은 데 뜻을 두고 끊임없이 노력하는 슈퍼우먼입니다. 박 여사의 외손녀는 성공하겠습니다. 어린 나이에 다섯 시간 연습한다는 것은 아무나 히는 것이 아닙니다. 재능이 넘쳐도 음악을 끔찍이 좋아하지 않으면 노력이 있을 수 없습니다.

정명화, 정경화는 이화에서 서예시간에 봤지만 어머니가 정해준 연습시간을 어기는 일 없이 꼭 실천하는 말 잘 듣는 아이들이었다고 그 엄마가 말하더군요. 적성에 맞으니까 연습이 가능한 것이지요. 억지로 안 됩니다.

댁의 외손녀는 음악을 하기 위해 이 세상에 태어난 사람인 듯싶습니다.

그 노력이 어른의 힘만으로는 절대 안 됩니다. 외손녀의 大成 바라겠습니다. 그것이 다 외할머니의 기쁨 아니겠습니까.

외손자는 칼텍에 뽑혔고 박 여사가 워낙 유능하니까 그런 기쁨이 오는 것이겠지요. 정말 훌륭합니다.

아무쪼록 박 여사님은 하시고저 하시는 모든 일을 재미있게 이루시고 만족한 삶을 누리시기 바랍니다.

2004년 10월 6일

이미경 씀

후신: "내 힘들다" 하지만 "다들 힘내" 하고 외쳐봅시다.

박기숙 여사님

신년 축하 편지 반가이 받고 이제야 붓을 들었습니다.

시인이 늙음을 맞은 심정과 평범한 노파가 늙어가는 마음은 차이가 있군요.

늙어가는 어른들과 함께 살며 옆에서 지켜본 젊은이가 나이 들어가면서는 어른들 흉내를 그대로 냅니다. 뒤뚱거리는 걸음걸이, 맥없는 팔 힘, 안개 낀 눈, 멍멍한 귀, 내 의지와는 상관없이 변해갈 때마다 내 몸이 그럴 때가 되었구나 하며 거부감 없이 순리인 양 받아들이게 되니 시인처럼 예민하게 느낄 줄 모르고 둔감할 수밖에 없지요. 이제 90 고개에 들고 보니 주위의 젊은이들의 힘으로 간신히 삶을 연장하고 있는 것이 죄스러워 어른들 말씀이 생각납니다.

"염라대왕이 내 명부를 놓쳤나, 왜 사자를 안 보내는 거야."

박 여사님은 부지런도 하십니다. 60 켤레 스립퍼를 만들다니 팔이 얼마나 아프셨을 텐데 일에 몰두하시어 아파도 진행했겠지요. 네 켤레나 보내주시어 덕분에 발을 따뜻하게 지낼 수 있어 감사합니다.

박 여사님 새해부터는 정열을 너무 여러 군데 분산시키지 마시고 집중시켰으면 하는 것이 저의 바람이고 부탁입니다. 항상 건강 유의하시고요.

2005. 1. 15.
이미경

후신: 이규임 여사는 전화 주셨는데 잠을 잘 못 주무신다는 사연이더군요.
얼마나 괴롭고 힘들까 안쓰럽습니다.

박기숙 여사님

신년 축하편지 감사합니다. 동봉하신 복사물도 재미있게 읽었습니다.
의욕적으로 사시는 박 여사님 젊음이 넘치십니다. 부럽습니다.

도우미 덕으로 삶을 유지하는 이 늙은이는 이세상과 저세상 중간쯤 와 있습니다.
먼저 간 할아버지가 70 중반부터 한문 공부를 하면서 불경을 열심히 공부하고 그 밖에 中國古典, 漢詩 等을 골똘히 공부하면서 불경을 열심히 공부하더니 84세 되는 1988년 持病으로 누우면서는 아주 平和롭고 조용히 누워 주위 사람을 오히려 배려하였기 때문에 患者이면서도 존경을 많이 받았습니다. 이제 나도 갈 때가 다가오니 준비를 해야겠다는 생각이 들어 그분 공부하던 불경은 물론, 古典解說을 공부합니다. 할아버지는 漢文으로 공부했지만 나는 무식해 解說밖에 읽을 수 없습니다. 마음 비우는 데는 불경, 노자, 장자가 가장 좋다고 느껴집니다. 나이 탓인지 文藝보다는 人文계열, 歷史, 哲學 서적을 선호하게 됩니다.

古典講座를 목적으로 하는 星泉文化財團을 사위가 운영하고 딸도 같이 일하면서 읽을 책을 끊임없이 갖다 줍니다. 文學作品

은 단 한 권, 써머셋 모음의 『人生의 굴레』를 감명 깊게 읽었습니다. 大文豪의 글은 위대하다는 것을 느꼈습니다. 原文으로 읽을 수 있다면 얼마나 감격했을까 하는 생각을 하면서 朴 여사님은 행복한 분이라는 생각이 들었습니다. 모든 책을 재미로 읽지만 즉시 다 잊어버립니다. 그러나 그 핵심 되는 思想은 남습니다. 이것이 내 마지막 生에 도움이 되기를 바랄 뿐입니다.

  내 넋두리만 늘어놓았군요. 이만 씁니다.

  朴 여사님 건강하세요. 그리고 하시고저 하는 모든 일 성취하시기 바랍니다.

2008. 1. 23.
이미경 드림

박기옥 여사님:

신년 축하 편지 감사합니다. 동봉하신 묵서물도 재미 있게 읽었습니다. 의욕적으로 시시는 박여사님 젊음이 넘치십니다. 부럽습니다.

도우미 덕으로 삶을 유지하는 이 늙은이는 이세상과 저세상 중간쯤에 있습니다. 먼저 간 할아버지가 70즈음 부터 한문공부를 하면서 불경을 열심히 공부하고 그 밖에 中國古典, 漢詩 등을 공동히 공부하더니 84세 되는 1988년 持病으로 누우면서는 아주 平和롭고 조용히 누워 주위사람을 오히려 배려하였기 때문에 尊者의 면서도 존경을 많이 받았습니다. 이제 나도 갈때가 다가오니 준비를 해야겠다는 생각이 들어 그분 공부하던 불경은 물론 古典解說도 공부합니다. 할아버지는 漢文으로 공부했지만 나는 무식해 解說 밖에 읽을수 없습니다. 마음 비우는 데는 불경, 노자, 장자가 가장 좋다고 느껴집니다. 나이탓인지 文藝보다는 人文계열, 丁史, 哲學 서적들을 선호하게됩니다. 古典講座를 목적으로 하는 罷文化財團을 사위가 운영하고 딸도 같이 일하면서 읽을책을 끊임없이 갖다 줍니다. 文學作品은 단한권, 쎄머셋 몸의 人生의 굴레를 감명깊게 읽었습니다. 大文豪의 글은 위대하다라는 것을 느꼈습니다. 原文으로 읽을수 있다면 얼마나 감격했을까 하는 생각을 하면서 朴여사님은 참 행복한 분이다 하는생각이들었습니다. 모든 책을 재미로 읽지만 즉시 또 잊어버립니다. 그러나 그 핵심 되는 骨格은 남습니다. 이것이 내 마지막 生에 도움이 되기를 바랄 뿐입니다.

내 넋두리만 늘어놓았군요. 이만 씁니다.

朴여사님 건강하세요. 그리고 하시고저 하시는 모든일 성취하시기 바랍니다.

2008. 1. 23 이미경 드림

박기숙 여사님께

　수필 세 편 잘 받았습니다. 감사합니다.
　6·25는 그때 살던 사람이면 누구나 죽을 고생 안 한 사람 없을 것입니다.
　생각하면 살아남은 것이 꿈만 같습니다. 그래서 글이 가슴에 깊이 와닿습니다.

　「오월이 가기 전」에도 잘 쓰셨습니다.
　사실과 다른 점을 말씀드려도 될까요.
　'시어머니와는 46년'이라고 하셨는데 '시어머니와는 54년같이' 살았습니다. 23세부터 76세까지였으니까요. 그냥 지나쳐도 될 일이지만 알려드리고 싶어서 몇 자 적었습니다.

　항상 건강하시어 좋은 글 많이 쓰시기 바랍니다.

2010. 6. 17.
꽃뜰 드림

존경하는 이미경 선생님께

쑥 올라온 드높은 가을 하늘 보며 그리움 한 자락 끌어내어 이 글월 올립니다.

하늘이 활짝 열리어 불을 품은 무더위의 고통을 겪었기에 풍요로운 이 가을을 맞이할 수 있었음과 같이, 53년 그와의 세월의 무게가 있었기에 일 년이 지난 지금 예전 살아있을 때 같이 커피 한 잔에 마주하고 향을 피우고 대화하며 그와의 인연을 놓치지 않으려 합니다.

일 년 내내 가라앉아 가는 저의 마음을 일으켜 세워주시고 "내 힘들다" 하지 말고 거꾸로 "다들 힘내" 하시면서 위로해 주시는 선생님이 계시기에 힘입어 밝은 마음으로 하루하루 지내고 있습니다.

선생님 글월 받고 그때 둘째 딸이 지도하는 대학교 졸업전시회 도와달라고 하기에 바빠서 카드에 무궁화 한 송이 압화(꽃누르미) 해 보내드렸더니 글원 드리지 못해 결례 아닌가 하고 걱정하는 제 마음 아시고 바로 전화 주셨지요. 글원 드리지 못해 결례가 아닌가 하고….

병환에 누워계시는 묵향 벗님 이귀임 여사님께 보내드렸더니 꽃 향을 맡으시며 머리맡에 놓고 저를 생각하신다고 하셨지요.

둘째 딸은 한 단계 높여 설경, 숲속의 이야기 풍경을 풍요로운 대작을 그려 옆에서 에미는 흐뭇합니다. 부채의 소재 꽃인 '불도화'는 산속 산사山寺 옆에 많이 피었다고 이름 지어졌는데 분홍, 노랑, 보라 물을 입혀 아름답지요. 이른 봄부터 대지가 움트고 올라오는 풋풋함에서, 여름의 저마다 내뿜은 왕 꽃들의 정열에 취하고, 가을의 풍요한 대자연이 주는 향연과 우수수 떨어지는 낙엽의 숙연한 자태에 우리는 삶이 연상되어 쓸쓸하고 서글퍼집니다. 더욱이 나무에 매달려 있으면서도 시인 나태주 님의 일 년 내내 벼락 몇 개, 비바람에 상처받은 삶을 보는 것 같아 가슴이 찡했습니다.

올해도 애쓰시고 키우신 옥수수가 많이 열렸다고 하시며 이 여사님하고 그 애써 키우신 야채로 풋고추, 상추, 호박나물, 가지나물 풍성한 한 상 대접해주셨고 갈 때 한 보따리 안겨주신 포근한 정성을 가지고 와서는 한 잎 한 잎 한 잎 먹으며 '감사합니다' 하고 행복했습니다.

존경하옵는 선생님,
한 평생平生 꾸준히 묵향墨香과 벗하시며 보내시며 시조집時調

集 『붓 끝에 가락 실어』 상재하시고 미수米壽엔 『이미경 서집』 내시어 갈무리하시고 꿋꿋하게 노년을 보내시는 모습 본받고 싶어 열심히 살고 있습니다.

더욱이 "어른은 한 번 되고 아이는 두 번 된다"는 옛 전해 온 어른 말씀을 실감하시며 아이처럼 본능本能만 남으시고 먹고 자고, 먹고 자고 하신다는 "늙은이는 영원히 잠들 그때를 준비(연습)하느라 '먹고 자고 먹고 자고' 하신다는…, 한편 바꾸어 말하면 모든 것을 포기하고 체념하셨다는 현실 파악에 그 편안함을 배우고 싶었습니다.

선생님 양주분 더 아프시지 말고 편안한 날달들 보내시기 뵈오며 안녕히 계십시오.

후신:

아득한 십여 년 전 이맘때, 선생님 댁 앞마당 들어서니 화단에 화초들이 우리를 반겨주는데 그중 기도하듯 하늘을 보며 다닥다닥 열려 있는 오렌지색 치자열매 무리에 우리가 감탄을 하고 바라보니 선생님이 다섯 개씩 따 가라 하셔 가지고 와서 티뷔 옆에 걸어놓고 겨우내 행복하게 바라보았지요.

그 후 외국 다녀와 인사차 뵈오니 두 분 편찮으실 때 얼마간 신경 쓸 새 없어 말라버렸다지요.

저도 키워보고 싶어 화원에 가 물어보니 열매 맺는 화초가 귀하답니다. 지금도 구하는 중입니다.

혜운 박기숙

2004. 10. 30.

Dear 혜운 선생님,

오늘은 광안리 바다와 하늘 빛깔이 유난히 더 푸르고 아름답습니다.

보내주신 단풍잎 무늬의 한지 등을 귀하게 여기어 제 방에 두고 자랑도 했는데….

수녀회 총회 준비와 각종 출장 등으로 정신이 없긴 했어도 우선 잘 받았다는 연락을 드렸어야 했는데 말입니다.

올해 기도의 밤에 분위기를 살려줄 등을 켜고 선생님 위한 기도도 잊지 않을 것입니다.

2005년 조주연 님 서예전의 사진들도 감사합니다.

언제 부산 오실 일 있으시면 저희 수녀원에서 묵어 가셔도 됩니다.

저는 건강이 완전하지는 않지만 일상생활을 그런대로 잘 견디어 가며 기쁘게 지내고 있습니다.

2011. 11. 22.
귀한 선물 보내주신 것 다시 한번 감사드리며, 이해인

혜운 박기숙 님께!

항상 하늘의 변화를 알려주고 감탄하는 환자 수녀님 덕분에 하늘을 더 자주 쳐다보곤 하지요. 한여름이 지나도 계속 피어있는 백일홍이 작은 영토를 이루는 〈해인 글방〉 앞의 꽃밭을 사랑하며 오늘도 저는 일상의 길 위에 서 있습니다.

기나긴 추석연휴를 다들 잘 지내셨을지?
「달빛기도」라는 시를 문재인 대통령이 추석인사에서 직접 낭송하는 바람에 13년 전의 책 『기쁨이 열리는 창』이 잠시 유명세를 탄 것 같습니다. 특히 연휴기간에는 SNS에서 그 시가 얼마나 많이 떠다니던지요. 덩달아 저도 인사를 많이 받았습니다. 특별한 절기를 맞은 시를 찾다 보니 선택이 된 듯해요.

지난 7월에 나온 아우름 시리즈 문고본 『고운 마음 꽃이 되고 고운 말은 빛이 되고』는 170페이지 정도의 자그만 책이지만 입소문을 타고 꾸준히 알려져서 벌써 7쇄나 찍었답니다. 우선 제가 강의용 교재로 쓰기가 편리해서 좋아요. 우선 올 연말경에는 샘터사에서 『기다리는 행복』(가제)이라는 산문집이 나올 거예요. 함께 나오려던 『사계절의 기도』 개정증보판은 어쩜 내년 봄으로 넘어갈지도 모르나 암튼 작은 관심 가져주세요.

지난 9월 21~23일에는 내년 5월 첫 서원 50주년을 맞는 우리 동기 수녀들 9명(11명 중 두 사람은 아파서 불참)이 소록도에 가서 2박 3일 친교, 충전의 시간을 갖고 오는 길에 순천만에서 열린 〈세계정원 박람회〉를 돌아보았지요. 이제는 다들 나이 들고 몸도 성치 않아 다니는 것 자체가 힘들지만 같이 모여서 시간을 보내는 것 자체가 행복하고 힐링이었답니다.

올해는 쉰다고 했는데도 10월 18일 서울 강동구 성일초등학교 3~5반 학생들과의 깜짝 만남을 기대하고 있어요.
제가 쓴 『누구라도 문구점』『발의 노래』와 번역한 책 『마법의 유리구슬』『우리 가족 최고의 식사』를 읽고 독후감과 편지를 보내 온 20명 학생들과 교감이 이루어져 올해 안으로 깜짝 이벤트를 담임 선생님과 기획한 거지요. 이 이야기를 올 12월 연재 마치게 되는 『샘터』의 〈흰구름 러브레터〉에도 단편적으로 적었습니다. 나이 차이가 엄청나지만 종종 글방을 방문하는 초·중·고생들을 만나면 제 마음도 절로 즐거워지곤 합니다.

들으신 바와 같이 제가 10살 때 23살의 아가씨로 가르멜 수녀원에 입회해서 오늘에 이른 우리 언니 이인숙(예수성심의 데레사 말가리나) 수녀님이 1960년 몸이 안 좋아 콩팥도 하나 떼어낸 후

갑상선암, 위암 수술까지 다 거뜬히 해내고 잘 지내왔는데 지난해 난소암 수술 이후로 여러 군데 암세포가 퍼지고 폐와 복부에 물이 차고 더 이상 병원에 있을 필요 없다네요.

지금은 수녀원 병실에서 먼나라 여행을 준비 중인데 그 모습이 어찌나 맑고 의연하고 단순하고 명랑하기까지 한지 볼 적마다 감동하고 있는 중입니다. 계속 기도해 주실 거지요?

저 역시 종종 병원 출입을 하긴 하는데 지난번에 가니 혈압약의 단계를 더 높인다고 해서 조금은 우울하기도 했지요. 늘어나는 약을 대하는 심정은 간혹 착잡하기도 합니다. 건강하라는 당부를 너무 많이 받는 것에 저는 좀 무심하고 게으른 편에 속하지만 그래도 긍정적인 마음을 갖기에 잘 버틴다고 종종 자랑하곤 하지요. 여러분 모두 건강하시길 비오며 기도 안에 여러분을 기억하고 감사드리는 이해인 수녀입니다.

2017. 10. 10.

박기숙 씨

그간 안녕하시고 댁내도 편안하시지요?

서울도 인제 봄 냄새로 가득하고 거리에 꽃잔치로 설레는 듯, 그래도 날로 메말라가는 이 가슴은 온통 잿빛뿐이라 억울하고 초조해서 붓을 들었답니다.

"몸은 늙어도 마음은 안 늙는다"라는 말은 거짓이고, 세상 걱정 다 혼자 짊어지고 보니 마음은 더욱 살맛이 안 나는군요.

전파를 타고 들리는 꽃소식을 들으며 낙서를 해보았습니다.

봉: 봉우리 솜털 털고 목련 아씨 실눈 뜨네
황: 황급히 쫓겨 가는 동장군님 거동 보소
새: 새봄의 정대화용은 너뿐인가 하노라

조금은 마음이 따뜻해지고 봄이란 계절감이 다가오기에 『나의 꽃 문화산책』을 훑어보았습니다. 역시 글은 요술쟁이, 아우님께 붓을 들게끔 만들었습니다.

(제목) 「목련을 사랑하기엔 나의 서른도 오히려 어려라」 중에서

(시)　철학개론이랑 말라.
　　　　　면사포를 벗어 버린 목련이란다.
　　　　　지나간 남풍이 서러워
　　　　　익잖은 추억같이 피었어라.
　　　　　베아트리체보다 곱던 날의 을남이는
　　　　　흰 블라우스만 입으면 목련화이었어라.

이는 조병화 님의 「목련화」의 일 절이다.
　흰 부라우스만 입어도 목련화 같을 수 있는 여인이라면 '을남'이라는 멋없는 이름과는 달리, 그녀는 분명 청순하고 우아한 여인임에 틀림없다.
　그리고 어디서 보든지 첫눈에 환하니 들어올 만큼 그녀는 수려하고 그래서 언제나 우뚝할 것임에 틀림이 없으리라.

　우아한 티ㅡ룸! 속삭이는 것 같은 세레나데를 들으며 함께하는 시간
　이런 시간이 비단 청춘 남녀에 극한된 것만이 아닐 터인데,
　우리는? 한번쯤은 가져봄도 좋으련만?!

　혹 그곳까지 이 맛있는 카레 냄새가 간다면! 우정 어린 선물에

감격하면서 그 특특한 카레를 요리하면서 눈물을 찔끔 흘리며 벗을 생각합니다.

쓸데없는 말, 어울리지도 않은 넋두리라고 이성은 경고를 보냅니다.
이제 나는 83세라는 딱시 속으로 점잖은 여인으로 돌아가렵니다. 안녕.

2001. 3. 15.
센치를 구걸하는 시간에 ~ 튼동 서울서…

시고모님께

서울 시고모님, 혜운 님께서 경주여행 선물로 따님들과의 스냅사진과 입원했을 때 위로의 마음을 전하니 맛있는 것 사 먹으라고 멘트와 금일봉을 보내셨다.

아직도 소녀 같은 설레임을 풍기시는 외모와 서슴없이 정감을 표현하시는 열정을 지니신 분이다. 가끔 보내시는 톡 한 줄에서도 배움의 기회를 주시고 전화 한 번만 주셔도 하루치 행복이 풍성하여 달려오게 하시는 속속들이 아름답고 지성이 넘치는 분이시다. 여성스러우면서도 남성보다 통 크신 세계관으로 나라를 사랑하시는 깊은 애국심으로 만나는 사람 누구나 일으켜 세워주시는 리더십은 가족은 더더욱 바르게 지도해 주시는 가족애, 선후배, 동창들, 은사님들을 긴 세월 변함없이 챙기시며 사랑하시는 인간관계 곁에서 지켜보면 감동으로 가슴 뭉클할 때가 한두 번이 아니다.

서예에 정진하시고 꽃누르미(압화)로 부채와 전등갓 등을 만들어 선물하시는 모습을 오랜 세월 지켜보며 퀼트와 서예로 만드신 작품들을 지니게 해주신 사랑을 회상하며 오늘따라 나에게 이런 고우신 분을 시댁어른으로 가까이 모시게 된 행운에 감사한다.

오랜 해외생활에서 자녀들 기르시며 자신의 재능 개발해서 갈고 닦으신 성실함에, 『꿈은 늙지 않는다』 수필집이 별 다섯 개 우수도서로 재판에 돌입한 일이 증명하듯 한국산문 수상 작품이기도 했던 첫 수필집의 문창력과 예리한 통찰력도 지니신 분이다.

매일 산책도 하시며 건강에 마음 쓰시고 패션감각도 뛰어나셔서 언제나 어디서나 가장 아름다운 여성으로 주위를 빛내주신다. 가장 연장자이시면서 최고의 미모를 인정받는 일이 어찌 흔한 일일까. 저절로 그분과의 교제가 행복하고 달콤하다.

헤어스타일도 뵐 때마다 마음 설레게 하신다. 백발에 핑크빛, 화이트, 레드, 연하늘빛 의상들을 완벽하게 소화하시는 멋진 패셔니스트이시다. 어린 소녀에서 초등학교 시절 90세가 넘으신 지금까지 자신에게 잘 어울리는 모습으로 가꾸시는 탁월하신 감각을 존경하게 된다.

오랜 외국생활 하다 보니 애국자가 되셨나 보다 싶다가도 문득 서대문형무소에서 고문받으신 할아버님의 행적이 떠올랐다. 2.8 동경 유학생 독립선언문에 관련되셔서, 창씨개명은 물론 안 하셨고 손기정 선수의 일장기말살사건 시 동아일보 기자셨던 아버님의 반일감정을 예민하게 몸소 느끼셨던 따님이시니 너무도 당연하시겠다 이해하게 된다. 물론 서울사대 영문과를 다니신 지성미 넘치시기도 하지만 일생을 독서에 재능 연마, 글쓰기에 노력해 오신 모습은 모든 사람들에게 귀감이 되실 듯하다.

  다리 수술 후 얼마 되지 않을 때 예술의 전당 수많은 계단을 오르내리며 손수 박대규 연주회를 참가해주시고 「차이콥스키를 만나다」 글로 쓰셨던 추억을 회상할 때마다 눈물이 맺히는 것은 그날 얼마나 통증이 심하셨을까! 걸음 속도도 우리에게 맞춰주셨던 인내의 거장, 범인은 아니시라고 새삼 감동을 느끼고 본받고 싶은 마음 간절해진다. 고모님, 진심으로 사랑합니다.

2018년 4.18.

청주 대규 에미 올림

나의 소박했던 반일反日

전경원

내가 초등학교 3학년 때였다.

외가에 작은할아버지가 일정 때 동경 유학 가서 일본인과 결혼하여 유일한 일본인 할머님이 계셨는데 8.15 이후 일본으로 돌아가셔 소식이 끊겼었는데 연락이 되어 방문하셔 우리 집에도 며칠 유숙하게 되었다.

당시는 60년대 후반이어서 어른들도 외출 때 한복을 입었지만 대부분은 양장 차림이었고, 더욱이 한국보다 먼저 서양문물을 받아들인 일본은 더 했으리라 생각된다.

그러나 그 할머니는 외출 때나 집에서나 늘 일본 옷차림(기모노)으로 단정히 입고 계셨다. 지금 생각해보면 그분은 그분 나름 자기 조국 일본을 건전하게 사랑하는 반듯한 분이셨다고 생각된다.

하루는 공휴일이여서 그 일본할머니를 뫼시고 우리 가족이 모두 고궁인 경복궁에 가기로 했다. 그분은 그날만은 외가에서 선물로 준비한 한복을 감사히 입으셨고 우리 엄마도 왜 그러셨는지 우리 집 어린 세 딸들에게 한복을 입으라고 하셨다. 설날과

추석, 명절 때만 입은 색동저고리와 긴 치마가 초등학생에게 무척 불편한 옷이었는데 엄마가 왜 그러셨는지 지금도 그 깊은 마음을 헤아리지 못하겠다. 손재주 많으신 엄마가 만들어 주신 옷들이 많았었는데 어린 세 딸들에게 모두 한복을 입으라고 하셨고 우리는 다소곳이 예쁜 한복을 떨쳐입고 하루를 경복궁과 덕수궁에서 즐겁게 보냈다. 지금도 그때 찍은 사진들이 많이 남아있다. 한복을 단정하게 입으신 일본할머니와 색동저고리와 긴 치마를 펄럭이는 우리 자매들, 그리고 교복을 입은 오빠와 큰언니, 양복을 입으신 아버지, 역시 단아한 한복차림의 젊으신 엄마가 웃고 있는 사진들이 우리를 미소 짓게 한다. 아마 엄마가 우리에게 한복을 입어야 하는 당위(?)를 설명하기는 우리가 너무 어렸으리라….

  며칠 후에도 같은 일이 되풀이되었는데 이번에는 외사촌 가족이 같이 나왔다.

  그 애들은 한복 대신 예쁜 원피스들을 입고 나와서 철없는 나는 왜 우리 엄마만 우리에게 드레스 대신 불편한 한복과 색동 고무신까지 신게 하셨나 얼핏 생각하기도 했다. 그러다가 며칠 후 그 일본할머니는 일본으로 귀국하시게 되었다.

  가시기 전에 일본에서 준비해 오신 무척 많은 선물을 주셨는데 옷 갈아입히는 큰 인형과 장난감 말고도 꽤 많은 학용품들을 고루 주셨다. 당시로서는 처음 보는 향내 나는 연필들과 환상적인 그림의 필통 등등이었다. 나는 너무 고민하였다.

우리나라에 너무 큰 고난을 안겼던 일본. 36년간 나라를 송두리째 지배하는 동안 고통당한 한국인들이 얼마나 많았던가. 우리 가족만 해도 베를린올림픽 마라톤 손기정 선수의 일장기 말살 사건으로 동아일보에서 해직되고 계속 일본경찰의 사찰을 받으면서도 독립운동을 해오신 외조부님, 신사참배, 창씨개명을 끝까지 안 한 집안 때문에 수도 없이 교무실에 불려가 벌까지 서야 했던 엄마. 이런저런 생각이 꼬리를 물고, 징병 징용으로 끌려간 수많은 사람들, 정신대로 끌려가신 수많은 분들 생각은 들기도 전에 나는 결정하였다.

'그래, 일본상품은 쓰지 말아야지'라는 치기 어린 생각이 굳어졌다. 어린 마음에 그저 일본을 반대하고 싶다는 단순한 반항심뿐이었을 것이다.

그래도 그런 마음을 먹기까지 깜찍하고 예뻤던 필통과 기막힌 향내 나는 연필 등은 나를 꽤 괴롭혔을 것이다. 학교에서 친구들에게 자랑하고 싶은 생각, 아니면 학교 말고 집에서라도 쓸까 하는 타협의 마음도 있었을 것이다. 그러나 어린 나의 단호한(?) 결심으로 결국 내 몫의 그 선물들은 내 책상서랍 속 깊은 구석에서 몇 년을 잠자다가 대학에 가고 나서야 사촌들에게 준 것으로 기억한다.

이 사건은 우리 가족과 친척들 사이에게 외할아버지 닮았다고 '귀여운 반일反日'로 오랫동안 말거리가 되어주었다.

2005년 5월 미국 뉴욕 길벗교회
'가정의 달' 기획 특집
셋째딸

II 문학과 더불어 사랑을 나누며

아날로그와 디지털

바람이 머물거든 꽃처럼 쉬게나

한강을 닮다

꽃씨로 비상하여

너는 개념이렸다

소명

그리움 지피는 사과 향기

호압사

자, 입을 벌려봐라

얼굴

천년 품속은 따뜻했네

세모시 옥색치마

저승이 얼마나 좋으면

기탄쟈리 - 신께 드리는 송가

여인의 향기

시인의 언덕에 봄은 오는가
이름 석 자, 나다운 호號
흘러간 노래는 흥겨워
앞만 보고 걸으시오
오빠 생각
실꾸리에 세월을 감고
문방사우
여든에 시작한 글쓰기
초지일관
단풍지등
살아 있다, 이것만으로 충분하다
여기, 이승인가 저승인가
뒤로 밀리더라도
성신외교誠信外交
광화문 연가
방 한 칸의 우주
제 밥그릇 어디 갔어요

아날로그와 디지털

"아들아, 한꺼번에 많이 입력하면 내 머리가 복잡해서 안 돼."

'컴퓨터란?'을 서두로 이제 갓 컴퓨터를 배우기 시작한 나에게 일요일마다의 보충수업은 새로운 흥분이었다. 나는 여든 고개 들어서서 현대백화점 문화센터에 입문하여 문학 수업을 받고 있었다.

에세이플러스 문학관에 들어가 한 차례씩 연습하면서 글벗들의 감칠맛 나는 글에 감탄하며 무아지경에 빠져들었다. 주말에 아직도 헤매고 있는데 아들이 외국영화 파일 20편을 가지고 와서는 "심심할 때 보세요" 하니 나는 그만 비명을 지르고 말았다.

1980년대에 처음으로 한국에 컴퓨터가 보급되었을 때 사우디아라비아에 있었다. 남편이 미국 IBM 본사에 전화를 걸어 "배우고 싶으니 학습 자료를 보내줄 수 있냐"고 요청하였더니 묵직한 교재가 서너 권이나 왔다. 나 역시 호기심에 기웃거리자 자신이 배워서 가르쳐준다면서 만지지 말라 하기에 서운했지만 포기할 수밖에 없었다. 우리는 동갑으로 만나서 그런지 매사에 내 의견에 마지못해 동의할 일도 "그래, 당신 잘났어, 잘났어" 하는 식이니 소극적인 나는 지고 들어가야 했다. 그는 신명이 나는지 차근차근 컴퓨터를 독학해 즐기며 자신이 20대로 돌아간다면 영국인 올더스 헉슬리가 꿈꾸는 환상의 우주세계 『멋진 신세계(Brave New World)』의 전자공학을 공부하고 싶다고 했다.

그때만 해도 한국은 급속한 산업화에 바빴고, 세계는 인류가 처음으로 갖게 된 컴퓨터를 무한 확장하여 인터넷, 스마트폰, 소셜네트워크(SNS)로 IT(정보기술) 혁명을 퍼뜨려 나갔고 이제 21세기의 과학기술로서 IT는 우리가 생활하며 먹고사는 데 직결된 핵심적인 문제가 되었다.

우리나라도 2015년부터 초·중·고등학교의 수업 기계는 아날로그 방식이 아닌 디지털 환경으로 바뀌어 앱(Application)만 누르면 수업을 할 수 있게 되었다. 예전의 아날로그형 기성세대는 도서관에서 방대한 서적을 뒤지는 대신 지루함을 견디어 두뇌를 창의적으로 움직일 시간을 얻었다. 뇌 스스로 사고하게끔 인내심을 가지고 기다리는 것, 종이 신문과 책을 보는 것, 손으로 메모하는 습관, 이런 것들이 아마도 기성세대로서 인터넷세대와 차이점이라 할 것이다.

2000년대 언젠가 서울대 논술 시험 문제에 '아날로그형과 디지털형의 특징을 설명하라'는, 이른바 디지털형 문화가 지닌 긍정적인 면과 부정적인 면을 구분하라는 문제가 있었다. 거기에 나는 머뭇거림 없이 이런 말을 뱉고 싶다. "사실주의에 눌려 낭만이 없다." 요즘같이 온갖 기능을 다 하는 휴대전화가 몇 개월만 지나면 '구닥다리' 모델이 되어버리고, 큰마음 먹고 구입한 최신 기종 벽걸이 TV는 채 일 년도 지나지 않고 반값으로 떨어지니 어지럽고 허탈한 생각까지 든다.

　나에게는 오래된, 하루 한 번 태엽을 감는 손목시계가 하나 있다. 70년대만 해도 우리나라는 버스에서 시계가 소매치기의 표적이었다. 나의 아이들 오 남매는 자기네 시계들을 번갈아 잃어버리고서는 시험 보러 갈 때면 빌려달라 하여 "이것 엄마 결혼 예물이거든, 조심해~" 하며 마지못해 내주곤 했다. 이제는 가끔 2년에 한 번쯤 잊어버릴 만하면 배터리를 바꿔주면 되는 예쁜 디자인의 디지털형 시계를 몇 개씩 가지고 있으니 그 편리함이란 이루 말할 수 없다. 그래도 용케 산전수전 겪은 오래된 시계를 나는 가끔 꺼내서 태엽도 감고 지난날의 추억에 잠겨보기도 한다. 요즘은 에스프레소 기계로 몇 초 안에 커피를 추출해 내지만, 낮은 불로 부글부글 물 끓는 소리 들으며 차분히 정성스럽게 뽑아내 마시는 은은한 차향이 나는 좋다.

이렇듯 구시대 아날로그형을 자처하던 나에게 항복 선언을 하게 만든 사람은 바로 증손자다. 지난 가을에 첫 증손자가 태어나 꼬물꼬물 자라는 모습을 아들이 할미에게 보낸다고 핸드폰을 바꿔주니 호떡집에 불난 듯 스마트폰이 울려대는 방글방글 웃음소리에 그만 나는 빵 웃음이 터져버렸다.

이제 늦지만 시대의 흐름과 그 대열에 구시대 아날로그형을 자처하던 내가 합류하여 쉽게 아무 때나 가족들, 친지들, 지인들과 소통하며 전 세계 구석구석도 연결되는 세상이 꿈만 같다. '디지털'은 무한한 기대를 담아도 좋을 요술방망이 같은 것이다. 대한민국이 '인터넷 강국', 'IT(정보기술) 대국'이라는 말에 걸맞게 나도 이 봄에 디지털 세계로 무한도전의 새로운 활력을 찾아야겠다.

2016. 1. 20.

바람이 머물거든 꽃처럼 쉬게나

 지난 정월 연휴가 끝난 다음 날인 2월 12일, 이른 아침 출근 전인 막내사위가 전화를 했다.
 "장모님, 오늘 저녁에 들를게요." 여느 때는 청주의 본가 부모님 뵙고 차례 지내고 정월 연휴 마지막 날에 돌아오며 들르던 그들이었다. 그런데 연휴 지난 다음 날인 그날 전화한 대로 기다리고 있는데 저녁 늦게까지 해가 서산 너머 기울도록 소식이 없었다. 평소 가족 모임에도 늘 만나기 어려운 그이기에 늦는가 보다 하고 기다리는데 초인종이 울려 뛰어나가니 막내딸이 나에게 쓰러지며 안기였다. 연달아 아들, 둘째 딸 내외가 침통한 표정으로 나를 부축하며 들어섰다. "왜 그래?" 불길한 생각에 그들을 보니 저승사자같이 검은 옷이 확 눈에 들어와 나는 그 자리에 주저앉고 말았다.

 그날 아침에 막내사위가 출근을 하고 보통날은 꼭 부하직원과 같이 거래처에 가는데 연휴 끝이라 피곤해하니 혼자 운전을 하고 갔다 한다. 좌회전 신호를 기다리며 신호가 바뀌었고 뒤 차가 신호를 보내는데도 차가 움직이지 않아 달려가 들여다보니 창이 열려 있고 운전자인 사위가 눈을 감고 있었다. 근처 병원으로 옮겼으나 이미 심근경색으로 호흡이 멈추어 있었다. 창문이 열려 있었고 호흡이 답답했던 모양이니 혼자 얼마나 괴로웠을까. 만약 옆에 누구라도 같이 탔더라면 어떤 조치를 하였을 것이다. 길에서 운전 중이었지만 마지막 그는 의연하고 편안한 모습으로 우리들의 가슴에 남았다.

그는 막내딸과 대학 미팅에서 만나 결혼하고 미국에 뉴욕 퀸스 대학에서 영어 연수를 다니며 우리와 같은 아파트 아래위 층에 자리 잡고 주말이면 동부 일대를 누비고 다녔다. 아들이 태어나 한국에 돌아오자 한화 그룹에 입사해 22년 근속한 부장이며 밤낮없이 열심히 일하던 모범사원이었다. 그는 큰 체격에 건강한 모습으로 아무런 지병 없이 50년 살아온, 사랑받은 막내아들이며 나에게 백년손인 막내사위이고, 멋진 남편이었으며 하나밖에 없는 아들에게 사랑을 무한으로 표현하는 따뜻한 아빠였다. 직장 선배님들에게나 동료, 친구, 후배를 망라하여 그의 유머러스한 농담에 크게 웃어보지 않은 이가 없고 늘 열심히 일하고 생활하는 근면한 이였다. 50년 짧은 생애를 살기 위해 그리도 바쁘게 그리워도 그리움 감기지 못한 시간을 열심히 살았던가.

그때 설 연휴에는 청주의 낙향한 노부모님 곁에서 가족들과 지내며 내일 제사를 지내야 하는데 전에 없이 자지 않고 집에 가자며 떼를 썼다 한다. 피곤한 몸으로 두 번 청주를 왕복하며 연휴를 보냈던 것이다. 부모님 곁에서 어느 자리인들 피곤한 몸을 쉴 수 있었건만 왜 가자고 했을까. 그러는 그를 딸은 왜 끝까지 말리지 못했을까.

그는 만나기만 하면 듬직한 체격으로 다가와서 널찍하고 도톰한 손을 활짝 벌려 내밀며 수술 전에 쩔뚝거리는 나를 부축하며 잡아주었다. 그 포근한 온기가 잊혀지지 않고 아직도 생생하다. 더욱이 작년 10월에 나의 무릎 수술로 석 달 동안 막내딸이 정성 어린 간병으로 나와 같이 지내게 되니 그도 저쪽 방에서 쉬고 출근하래도 자신의 집으로 돌아가 홀로 바쁘고 불편한 나날을 보내었다. 그게 끝내 마음에 걸려 나는 한동안 괴로워 하늘을 원망하였다.

"미안해. 미안해요. 이런 이별이 올 줄 알았으면 나의 나머지 남은 시간도 나누어줄 것을…."

그의 직장 선배인 시인은 시집 출간을 나의 막내사위 49재에 맞추어 출간하시어 사위의 단 하나의 혈육인 외손자와 막내딸의 하늘이 무너지는 절절한 아픔을 쓰다듬어 주셨다. 막내딸은 이 책을 고이 비닐 백에 방수처리를 하여 그의 산소에 세워두었다.

길벗이나 홀로 핀 꽃을 보는 / 그런 눈빛, 서러움이었다.

손을 내밀어도 항상 손끝 너머에 있어 / 마음만 아파온다.

웃음 알고 멋스럽던 그대 / 그림자놀이 속 진실을 찾듯 내민 손은 외로움이었던가.

그리워도 그리움 감기지 못하는 시간 / 누운 만큼 남겨두었는데

어느 바람인가. / 아! 이느 미친 바람인가.

그리 서 있었는데 / 그 목소리 지금 들리는데

그대 누구였던가. / 사랑 / 자식 / 아비 / 친구였던가.

그대여, 바람이 머물거든 꽃처럼 쉬게나.

― 「병철이를 보내며」, 정진선 시집 『그대 누구였던가』에서

2013. 9. 16.

한강을 닮다

아침나절 산책길에 신록의 푸릇한 향기를 가슴에 안고 돌아와 집안에 풀어놓으니 창밖에 보이는 투명한 강바람이 코끝에 근질거린다. 이곳 내가 자리 잡은 송파구 일대는 1950년 6·25 전쟁 전까지만 해도 적송赤松 우거진 소나무향 그윽한 경치 좋은 풍광이었다.

한강을 휘감은 송파구 잠실 나루터에서 탄천을 돌아 양재천, 강남구 서초구를 이루는 대단지는 1963년 서울시로 편입된 이래 나날이 변모되더니 이제 하늘을 찌르는 빌딩숲들 하며 국제도시로서의 면모가 눈이 부실 지경이다.

우리나라 허리께, 강원도 태백산맥 깊은 검룡소儉龍沼 숲속에서 시작한 남한강은 양수리에서 북한강과 만난다. 조선시대 500년 역사와 일본 제국주의 치하에서 겪은 민족의 애환을 거쳐 참혹했던 동족상잔의 비극, 전쟁 후 세대가 이루어낸 한강의 기적까지 말없이 지켜보며 유유히 흘러가는 혈맥이다.

18세기 영조 17년(1741)에 비단에 채색된 겸재 정선謙齋 鄭敾의 한

양 진경漢陽 眞景을 담은 산수화에는 한강과 서울도읍지가 한눈에 보인다. 휘감아 도는 강기슭인 두무개(지금의 동호東湖)는 남쪽에서 우면산 자락이 밀고 올라와 북쪽의 남산자락인 응봉鷹峯과 한강의 물목을 좁혀놓고 있고, 강변 높은 곳인 압구정 언덕 위에는 큰 규모의 팔각정이 우뚝 솟아 있는 것을 볼 수 있다.

더 거슬러 올라가 보면 중종(1506~1544) 때는 두무개에 독서당讀書堂을 지어 젊고 재주 있는 관리에게 경치 좋은 그곳에서 책을 읽으며 견문을 넓히도록 하였다.

지난 3월 이사하면서 멀리 바라보이는 영동대교와 함께 싱그러운 봄 그림에 취해 동안거하는 스님처럼 창가에 앉아 햇빛에 비늘같이 희끗희끗 물결치며 흩어지는 한강의 속삭임에 귀를 기울이고 있었다. 이제 여든 해의 세월, 시간에 가속도가 붙어서 쫓기듯이 살아왔기에 모든 것 내려놓고 '한가로움'과 '느림'의 의미를 되새겨 본다. 옛사람들이 전원 속에 묻혀 살며 "차 익어 향기 맑을 제 길손이 찾아오니 이 아니 기쁠소냐. 새 울고 꽃이 질 땐 아무도 없다 해도 마음 절로 유유하다…"라고 읊조렸던 마음의 경지를 저절로 동경하게 된다.

'미로득한방시한未老得閑方是閑'이란 말이 있다. 젊었을 때 얻은 것이라야 진정한 한가로움이란 말이다. 사실 다 늙어 한가로운 것은 할 일이 없는 것이지 한가로운 것이 아니지 않은가? 하고 싶은 것을 마음대로 할 수 있는 것이 진정한 한가로움일 텐데 말이다.

　계절은 개나리, 진달래, 봄꽃도 슬그머니 자취를 감추고 그 자리를 가득 메운 신록들이 강렬한 햇빛에 축 늘어진 모습을 보며 문득 순환하는 자연의 이치에 놀란다. 버릇처럼 '아니야, 내 삶은 이제부터!'라고 마음을 다잡지만, 나 자신도 순환하는 자연의 일부라는 생각이 든다. 나는 어디로 가고 있을까. 나도 저 말없는 강물처럼 흘러가고 있다. 그리고 어느 시점에서 사라지리라.
　사람은 육체의 힘으로 살아가지만 그 육체를 이끌며 삶을 바로 세우는 것은 생각의 힘이다. 내가 사는 세상에 대한 관심과 애정이 이어지고 내가 몸담아 있는 현실에서 내가 가장 잘할 수 있는 일에 최선을 다하는 것만이 어김없이 진행되는 자연에 대한 순응이라는 생각이 든다. 나에겐 글을 쓰고 읽는 기력이 여전하니 얼마나 다행인가. 백년이고 천년이고 과거나 미래로 시공을 바꿔가며 무한한 꿈의 여행을 즐기며 책갈피를 넘길 수 있으니 참으로 행복하다.

　이사하며 벽 한 면을 꽉 채우던 책들을 1/3로 줄여 벗들에게 나누어 주었고, 스크랩하며 문학 공부했던 파일은 반으로 줄였다. 시원섭섭하다.
　그간 살아오며 그보다 더 많은 것을 버리고 잃었지 않았던가.
　어릴 때 어머니는 사랑방 아버지 책장을 퍽이나 소중하게 다루셨다. 글이 적혀 있는 종이는 함부로 찢지도 못하게 하셨다. 결혼하고 남편 역시 책을 소중하게 다루어 새로 구입한 책은 어느 날 무슨 연유로 구입했다고 꼼꼼하게 적어 기록해 두곤 했다. 잠시 외국 가 있을 때도 브리태니커 백과사전을 사서 늘 펼쳐보고 한국에 올 때는 그곳 외손자에게 선물하고 왔다. 내가 살아오면서 나름대로 꾸준히 책 속에 묻혀 지낸 세월이 있었기에 글을 쓰는 노년의 축복을 맞은 게 아닌가 싶다.

황지연못에서 발원한 남한강이 양수리에서 북한강과 만나 서울을 휘감아 도는 것처럼, 나도 세월에 실려 유유히 흘러가고 있다는 생각이 든다.

2015. 7. 13.

꽃씨로 비상하여

　아주 오랜 옛날, 80년 전인 1930년대에 지금의 세종로에서 서대문 쪽으로 대로를 꺾어 들어오는 신문로1가로 이사를 했다. 그 집은 생나무 내음이 물씬 나는 새로 지은 한옥이었다.

　사랑방 동창에서 뜰을 바라보면 담을 끼고 있는 낮은 동산에 푸르고 고고하기 짝이 없는 소나무가 독야청청獨夜靑靑 위용을 떨치며 서 있었다. 그 옆에는 겨울기운이 채 가시지 않은 썰렁한 바람과 꽃을 시샘하는 눈발을 견디고 꽃망울을 터트리며 매화꽃이 다소곳이 피어났다. 어머니의 시리도록 흰 옥양목 옷자락 같은 단아한 매화를 바라보시던 아버님은 어린 나의 머리를 쓰다듬으시며 "우리 딸도 저 매화꽃같이 예쁘게 자라야지~" 말씀하셨고 그 말씀은 해를 거듭하며 향긋한 꽃향으로 가슴 깊이 새겨졌다.

　앞뜰 댓돌 아래 화단에는 따뜻한 남방서 자라는 파초가 사방에 푸르고 시원한 그늘을 드리우고 있었는데 10년을 바라보니 딱 한

번 신기하게 파란 열매가 달렸었다. 화단을 두른 벽돌 울타리 안에는 앙증맞은 채송화가 바람결에 나지막하게 누워 조잘거렸다. 어린 날의 소꿉놀이 하듯 꽃잎을 묶어 다섯 손가락을 펴며 자던 봉선화며, 대공 끝에 예쁘게 달린 어머니 옥비녀 같은 흰 꽃 옥잠화도 떠오른다. 또 글라디올러스도 있었고, 여름 태양의 뜨거운 열정을 토해내던 칸나와 맨드라미도 있었다. 도도하게 홀로 서서 기품을 뽐내던 백일홍과 활련화도 있었다. 가을이면 소담한 향이 진동하던 황국이 있었고, 앞다투어 광 담벽에 마지막 열정을 뽐내며 단풍 벽화를 그리던 담쟁이넝쿨도 있었다. 그 속에서 나는 날이 밝으면 따사롭게 입 맞추는 햇빛과 푸른 하늘에 손 벌리며 넘나드는 소슬바람을 맞으며 사색의 나래를 폈다. 새로운 내일을 마주하면서 형형색색으로 옷을 갈아입고 활짝 웃는 꽃나무들의 속삭임에 귀 기울였다. 어둠이 깔리면 달빛에 안기어 숨을 고르고 잠자는 우주의 순환에 나도 같이 새로운 내일을 꿈꾸며 자라고 있었다.

　당시는 일제 강점기였다. 어른아이 할 것 없이 숨 막히는 압박감이 집안 분위기를 누르고 있었지만 이에 아랑곳하지 않고 계절 따라 피고 지는 자연의 섭리는 아무도 막을 수 없었다. 나는 꽃밭 속에서 숨 돌리며 소녀시절을 견디고 있었지만 8.15 민족해방에 이어 벌어진 동족상잔의 비극은 나의 풍요롭던 유년의 꽃밭을 깡그리 집어삼키고 지난 세월의 그리운 추억으로 만들어 버렸다.

6·25 전쟁 후 가정을 이루고 시어머니를 모시며 남편과 다섯 아이들을 키우며 살림에 파묻혀 지낼 때에도 나의 집 마당은 항상 분꽃, 채송화, 맨드라미, 샐비어, 백일홍, 목련 등등이 차례대로 피고 지며 나와 아이들의 정서를 풍요롭게 만들어 주었다.

한때는 민들레 꽃씨같이 지구를 날아다니던 화려한 세월이 나에게도 있었다. 중년이 되도록 수평선을 하염없이 바라보며 제 나라에서 한 발짝도 벗어나지 못한, 탯줄에 묶인 듯이 나라 밖을 모르던 토종이었던 나는 어린 왕자의 '유토피아'를 꿈꾸며 미지의 세계를 여행하였다. 50대 후반 처음으로 비행기에 오르게 되었을 때 친정어머님께 인사드리러 갔더니 "너는 말년에 역마살이 있으니 세상 구경 많이 하고 돌아와라" 하셨다. 그 말씀이 씨가 되었는지 정말로 12년 동안 지구촌을 돌며 미국에만도 10년을 머무르게 되었다.

지구 반대편 밤낮이 바뀐 미국 동부 뉴욕, 광활한 들녘에는 민들레 홀씨가 꽃잎같이 휘날리며 향수에 젖은 마음을 달래주었다. 그리고 동양에서만 자생하는 줄 알았던 쌉싸름한 쑥이 지천으로 자라고 있었다. 계절이 바뀌어 봄이 되면 봄꽃이 피어나듯 내 마음속에 숨어 있던 유년의 토종 꽃들의 향기가 피어나 속삭이기 시작했다. 베란다에는 서양에서 자생하는 제라늄을 오색으로 사서 꽃이 주는 달디단 입맞춤으로 잠시 둥지를 떠난 나그네의 외로움을 달래었다.

 해마다 봄이 오면 흙더미 헤치고 꽃씨 뿌려 살아온 세월이 얼마던가. 이제 내 나이 미수米壽, 즉 여든여덟 번째 꽃 피는 봄을 맞이한다. 어느 시인이 노래한 것처럼 "흔들리지 않고 피는 꽃이 어디 있으랴." 잔설을 헤치며 추위를 견뎌내 향기를 발하는 야무진 매화꽃의 기골빙혼氣骨氷魂의 절개와, 고상한 사랑으로 승화시킨 격조 높은 품격을 딸에게 바라신 아버님의 염원이 나이 들며 새롭게 그립다.

 그리고 삶의 굴곡진 고통을 지날 때마다 흐트러지는 마음을 다잡고 일으켜 세워준 "겨울이 오면 봄은 머지 않으리"(If winter comes, can spring be for behind?_ 퍼시 셸리, 1792~1822)라고 한 명언을 되새긴다. 아직도 나는 야생화의 홀씨 되어 훨훨 나는 비상飛翔을 꿈꾸고 있다.

2016. 1. 14.

너는 개님이렸다

이 년 전 오늘 새하얀 털이 예쁜 말티즈종 숫강아지를 입양했다. 그는 외손자의 성 민씨를 따라 민 토리라 이름 지어 당당한 위풍을 가지게 되었다. 딸이 "우리 외롭지 않게 강아지 키웁시다" 할 때 단호히 거절했건만….

막내딸 초등학교 때인 30년 전에 낳은 지 열흘도 안 되었다는 희고 주먹만 한 강아지 '해피'가 우리 집에 왔다. 근사한 족보까지 있었던 해피는 스피츠종이었다. 우유를 시작으로 제법 모양새가 멋지게 자라 온 집안의 귀여움을 독차지한 지 한 삼 년 지났을 때였다. 대문이 열렸었던지 그만 밖으로 나가 해가 어스름지도록 보이지 않았다. 애들이 백방으로 찾아 나섰지만 허탕이었다. 그런데 늦게 귀가하던 남편이 문 앞에서 온몸에 흙먼지를 뒤집어쓰고 쓰러져 있던 개를 발견하였다. 그 당시는 개장수가 다니며 수면제를 먹여 끌고 가던 때였는데 어디까지 끌려갔는지 온힘을 다해 자신의 집 문 앞까지 찾아와서 쓰러져 죽어 있었다. 어찌 이런 끔찍한 일을 저질러 말 못하는 동물을 학대하다니…. 그 후 우리는 애지중지 키우던 가족을 잃은 슬픔에 개에게 정을 주지 말자고 맹서했었다. 사랑의 기쁨을 누리는 자에게는 이별의 슬픔마저 따르게 되어 있다는 말이 실감이 났던 날이었다.

토리를 입양하게 되자 산책길에 동행하기도 하고 나의 밥상머리 옆에서 유기농 사료 먹이는 것이 나의 담당이었다.

처음 한동안은 자리가 설어서 산만한지 장난꾸러기같이 말썽을 피워 대소변도 못 가리고 현관의 신발을 거실까지 가져다 물어뜯어 놓았다. 내가 외출하면 내가 쓰는 물건을 물어뜯어 놓아 나는 신문지를 똘똘 말아 겁을 주고 엉덩이를 때리기도 했다. 그 녀석은 곧바로 말귀를 알아듣고 적응을 하기 시작했다.

다윈은 "인간의 몸이 진화하듯 인간의 뇌와 정신도 진화했다. 따라서 동물도 인간만큼은 아니지만 정신과 감정을 가지고 있다"라고 말했다. 티끌만큼만 정을 주어도 사람이 아닌 동물도 서로의 외로움을 의지하려 한다. 외출에서 돌아와 눈이 마주치면 초롱초롱 빛나 반갑다고 꼬리를 흔들며 앙증맞게 엉덩이를 실룩샐룩거리며 달려온다. 마음이 가라앉아 있다가도 웃음이 절로 나와 둘이 함께 즐겁게 뒹군다. 책을 읽을 때도 컴퓨터 앞에서도 심심하니 놀아달라고 폭 안기고, 애교를 부리다 눈이 마주치면 친숙하고 특정한 호르몬이 방출되어 후각이 예민한 동물이 냄새를 맡고 알아차리듯 동물적 감각으로 판단하는지 함께 있고 싶다는 행동을 온몸으로 있는 그대로 숨김없이 표현한다. 시간이 지남에 따라 소원해지는 사람들과 다르게 동물은 한결같다. 그런 행동으로 주인에게 확고한 믿음을 갖게 해준다.

그러기에 애완동물에서 반려견으로 이제 함께 생활하고 알아가는 가장 가까운 벗이 되었다. 정신적 교감이 생기자 유기견 때 불안했던 충격이 사라져 진심을 알아차리고 얌전해졌다.

소설 『개님전』의 박상률 작가는 그 책 표지에 "무엇이여, 개놈? 개놈 아니라 개님! 사람보다 나은 진도개!"라고 어느 누구도 상상할 수 없는 파격적인 발언을 했다.

자신이 태어나고 자란 섬 진도의 명물 천연기념물 53호인 토종견 진돗개를 통해 사람과 동물이 생로병사, 삶과 죽음, 만남과 헤어짐이 아름답게 공존하며 더불어 살아가는 순박한 모습에 감탄한다.

〈작가의 말〉에서는 '지난겨울 아들놈이랑 서울에서 내 고향 진도까지 눈보라 뚫고 걸어가는 길이었다'고 했는데 진돗개 백구가 천리 길을 대전에서 달려 주인 할머니가 사는 진도로 돌아갔다는 전설적인 이야기가 생각났다. 그리고 우리의 귀에 익은 남도소리의 육자배기와 '진도아리랑'이 귓가를 스치는 듯 흥겨워진다. 사람보다 나은 진돗개를 인간으로서 자신의 내면의 모습으로 부끄러워하는 따뜻한 작가의 순수한 인간미가 돋보인다.

애완동물에서 반려동물로 짝이 되고 견우犬友 친구로 승격하며 인생의 동반자로 나날이 온 정성을 들였건만 소통이 잘 안 되었는지 지금껏 낯설 때가 있다. 딸과 이야기할라치면 말도 못 하게 사납게 짖어댄다.

"내가 너보다 서열이 높다" 하듯이 그가 와서 나의 서열은 곤두박질쳤으니…. 처음 집에 데리고 온 딸에 대한 충성심(?) 때문일까. 나와 둘이만 있을 때는 나의 등을 맞대고 자던 것이….

그래, "너는 개님이렸다."

2015. 7. 24.

소명召命

무디어진 신경에도 예감이 들어맞았다.

지난해 2월에 8년 차분하게 글공부 하던 것을 접으며 마지막 구간을 정리하기로 한 것도 우연이 아니었다. 여든 고개 넘은 몸은 조금만 신경을 써도 집중이 안 되고 지쳐버리곤 했다. 내일 우주가 멸망한다 해도 존엄한 죽음에 대한 공포는 하늘의 소명이고 인간의 숙명이려니 허허롭게 마음 접은 지 벌써 오래전이었다.

이 나이 되도록 긁어 부스럼이란 말이 맞는지 독감, 각종 예방접종을 피하고도 운 좋게 여직 무탈하게 건너왔다. 그간 무심했던 몸에 생전 처음 초음파 검사를 받았더니 아니나 다를까 떡하니 팥알만 한 담석 30개가 담낭 속에 꽁꽁 숨어 있었다. 담석 자체로는 문제가 되지 않았지만 돌들이 굴러다니며 만성적으로 염증을 일으킨다는 것이다. 40년 동안 거기 있었으며 의사 선생님은 수술해서 열어보아야 정확한 답을 말할 수 있다고 우려를 내비쳤다. 처음 신호가 온 것은 다행히 가족모임이어서, 그대로 병원에 실려와 검진 끝에 수술에 들어갔다. 말끔히 걷어낸 담석알맹이들이 담긴 담낭 주머니는 묵직하였고 의사 선생님의 미소에 나도 안도의 한숨을 내쉬었다.

지난 세월 나의 40대에 집안 어른의 잘못으로 집문서를 잃고 엎친 데 덮친 데 격으로 칠석같이 믿었던 아들이 일차 고교 입시에 실패하는 시련을 겪으며 나는 만신창이가 된 마음을 견디다 못해 담석증이 생겼다. 병원에서는 수술 들어가자는데 친정어머님이 여자 몸에 칼을 대기 전에 한방으로 진맥해 보자고 아프다는 딸을 부축하며 계동 올라가는 입구에 있던 옛 계산한의원桂山漢醫院에 데리고 갔다. 우리 집안 선대부터의 단골로, 당시 서울 장안에서 용하다고 이름나서 어린 우리들이 평소 감기가 들어도 약 두어 첩 지어 와 먹으면 용케 말끔히 낫곤 하던 곳이었다.

그런데 한의사 선생님은 얼마 전 아들에게 물려주고 은퇴하셨다고 하여 나를 데리고 가회동 자택까지 찾아갔다. 흰 수염이 긴 할아버지는 진맥하시더니 "돌이 있구먼" 하며 한약을 한 제 지어주었다. 지친 몸으로 돌아와 누워 곤로 위에 약탕기가 부글부글 끓을 소리를 기다리다 한 첩 먹으면 생살을 베어내는 듯한 통증이 신통하게도 가라앉았다. 크고 작은 담석은 누구나 가지고 있지만 그것이 몸속 살에 닿아 부딪쳤을 때 통증이 생기니 아마도 내 것은 약으로 흘러 내려갔을 것이다 생각했다. 그 후 어머님은 지어 온 약 한 첩을 남겨 종로4가 건제한약방에 가서는 펼쳐 보이며 그대로 조제해 달라 하여 한동안 복용하였다. 그때부터 담낭에 돌이 모여 나와 동행했으니 아마도 오랜 세월 후 나의 늘그막에 생물학적 힘이 달려 이젠 못 참겠다고 반란을 일으켰던 것 같다.

우리 몸의 간에서는 매일 맥주병 한 병 정도의(900㎖) 담즙을 생산한다. 이것이 담낭에 모여 있다가 십이지장으로 흘러 들어가야 하는데 이것이 원활하지 못할 때 담낭 결석이 생긴다. 담낭膽囊은 간에서 만들어진 담즙을 모았다가 식사 후 소화가 필요할 때 내려보내는 역할을 한다. 담낭, 일명 쓸개는 굵기가 약 8㎝로 서양 배 모양의 주머니로 담즙이 들어 있고 간의 아래쪽에 있다. 간에서 분비된 쓸개즙은 6~10배로 농축되어 당도를 통해 소화를 돕는다.

 간에서는 여전히 담즙을 생산하므로 보관되는 담낭을 수술로 제거한다고 해도 소화에 아주 무리가 되는 것은 아니라고 한다. 다만 수술 전보다는 지방질 등 음식 섭취에 조심하는 것이 좋다.

돌이켜 보니 어머님은 태몽으로 큰 소 등에 여아가 앉아 있었다며 그 소가 너의 지킴이라 말씀하셨다. 그 말씀대로라면 첫 번째는 세 살 때 돌림병을 앓아 의사 선생님이 "이 밤을 잘 넘겨야 살아남는다" 했는데 밤새 고열에 시달리다 살아났고, 두 번째는 6·25 때

인민군이 대문을 발길로 차고 들어와 앞마당에서 공포를 쏘아대어 어머님과 뒷담을 넘어 도망쳤던 일이다. 그날 밤 우리 집에 다시 찾아온 그들은 뒷마당 방공호에 일곱 사람을 매장하는 비극을 저질렀다. 그리고 이번에 수술한 담낭이 나에게 신호도 없이 40년 전부터 몸에 있던 돌들이 어쩌면 여든 너머까지 그간 말썽 부리지 않고 소신하게 숨어 있었단 말인가.

여든 나이에 글 보따리 짊어지고 노심했던 늦깎이 글쓰기 시작도 큰 소를 빙자하여 지킴이를 자처하신 어머님의 한마디 말씀으로 늘 나에게 큰 힘과 위로가 되었던 게 사실이다.

"80에 날 데리러 오거든 자존심 상해 못 간다 해라. 90에 날 데리러 오거든 알아서 갈 터이니 아직 못 간다 전해라" 노래가 인기다. 자존심 내 걸 것까지 없고 "아직 할 일이 남아 정리하고 간다 일러라" 하고 싶다.

2016. 2. 23

그리움 지피는 사과 향기

해마다 8월 중순 풋풋하고 새콤한 조생종인 초록색 아오리, 벼이삭 고개 숙여 풍요로운 가을이면 농익어 윤이 자르르 과육 흐르는 중생종 붉은 홍옥, 깊은 겨울 단단한 껍질이 씹을수록 깊은 단맛 내는 만생종 국광 향기는 어린 날 그리움을 지피며 한 세기 바라보는 나이에도 나의 코끝에 맴돈다.

초등학교 때 학교 다녀와 마당 댓돌에 올라 안방 장지문을 열면 아랫목의 삼층장 밑 채반에서 올라오는 사과향기 귤향기가 진동을 했다. 지금도 스물스물 어머니의 향기가 그리움 속에 선명히 나를 이끌고 간다.

어머니는 사과껍질 귤껍질을 장 밑에 넣어놓고 때에 따라 가족들이 기침소리를 내거나 감기기운이 오면 김장 끝에 남은 생강을 꿀이나 설탕에 재어놓았다가 함께 끓여주시곤 했다.

뜰아래 곳간에는 가을걷이 곡식과 과일 속에서 뭉실뭉실 새어 나오는 갖가지 과즙으로 어두침침한 광 안을 채웠다. 선반 위 사과 궤

짝에는 쌀겨 속에 가지런히 놓인 사과가 익을수록 단내를 풍기고 다른 궤 짚풀 속 감은 겨울이 깊을수록 달디단 연시로 익어갔다.

　구석 쌀가마니 놓인 바닥에는 호시탐탐 드나들며 쌀알 흘린 것 찾느라 서생원(쥐)이 제집 드나들 듯 공생하여 어린 우리들은 무서워서 근처에도 가지 못하였다.

　나도 장성하여 결혼 후에 역시 버릇처럼 한동안 말려보았건만 그 향기가 나지 않는다. 어쩌다 여행길에 산지에 가는 기회가 있어 물어보니 세월이 흘러 시대에 따라 품종 개종하여 옛 우리나라 고유의 그 향긋한 향기는 찾을 수 없단다. 그래도 무언가 섭섭하고 아쉬워 애들이 "수고스럽게 고만 하세요" 해도 껍질을 말린다고 버리지 못하고 이제는 집 안의 공기를 정화시킨다고 벌려놓아 못 말리는 구세대라는 말을 듣는다.

　어릴 때 듣던 우리나라는 어느 지역보다 사계절이 뚜렷한 입지라 옛부터 산 좋고 물 좋아 남북으로 가로질러 흐르는 백두대간 청정지대인 충주에서 국광, 소백산 줄기의 영주, 청송, 대구가 홍옥의 주산지라고 들었다.

　영양학적으로 당분, 신맛 나는 유기산 무기성분, 아미노산 향기 성분으로 크게 나눌 수 있다. 사과의 수분 함량은 평균 85%이며 단맛은 7~14% 들어 있다.

서양에서는 아담과 이브가 에덴동산에서 선악과를 따 먹음으로써 인간이 죄악과 욕망의 꿀맛을 맛본 것에서 이미 사과가 등장하고, 그리스신화 '아탈란테'에서는 황금사과 이야기가 나오며, 신과 인간이 함께 한 '트로이 전쟁'에도 등장하여 권력욕, 명예욕, 금전욕, 색욕에 물든 우매한 인간들을 그리고 있다.

"내일 세상이 망할지라도 오늘 한 그루 사과나무를 심겠다" 말한 네덜란드 철학자 스피노자의 명언 또한 오늘 하루 성실하게 살아가자는 교훈을 준다.

아리스토텔레스의 사과에서는 우주의 운동은 원이고 우주의 모든 물체가 서로 끌어당긴다는 보편중력 법칙을 보여주었고, 뉴튼은 사과나무에서 떨어지는 사과를 보며 학설을 통합하였다.

"나는 사과 하나로 파리를 정복하였다"고 일컬어지는 폴 세잔의 사과 정물화는 세상에서 제일 비싼 정물화로 너무나 유명하다. 평범한 여러 색으로 사과의 조화가 돋보이는 이 사과 그림이 후대에 이만치 값비싼 향기를 발할 줄이야 누가 알았으랴.

이렇듯 동서양을 막론하고 2,000년 전부터 사과는 인간과 친숙한 과일이며 고향의 그리운 향기였다.

우리 오 남매도 학교 다녀와서는 베란다로 달려가서 사과 궤에서 톱밥 속의 사과를 찾아내 쓱쓱 옷에 문질러 씻지 않고도 껍질째 사각사각 입에 넣던 때가 있었다.

"아침에 먹는 사과는 금이다."

"아침에 먹는 사과 한 알은 의사를 파랗게 질리게 한다."(병원에 갈 일이 없어지므로)

"사과를 많이 먹으면 미인이 된다."

오늘 아침에도 사과 과즙의 달콤함과 향기로 즐거운 하루를 연다.

2017. 3. 29.

호압사

 어린 나에게 어른들은 늘 '말 안 들으면 호랑이가 온다' 하셨다. 그런 말을 들을 때면 나는 호랑이가 당장이라도 입을 벌려 '아흥' 하고 달려들까 무서워 아버지 손을 꼭 잡곤 했다.
 75년 전 소녀시절 때 아버지는 휴일이면 감수성 깊은 나와 다섯 살 아래인 남동생을 데리고 서울 근교 산을 다니셨다. 일제하에 북한산이라 이름 지은 삼각산三角山인 백운봉白雲峰, 인수봉仁壽峰, 노적봉露積峰을 광화문통에서 코스를 바꾸어 가며 전차를 타고 돈암동 종점, 효자동 종점, 영천 종점까지 가서 산을 올랐다. 처음으로 남쪽인 관악산冠岳山 호압사虎押寺에 간 날이다.
 아버지는 '이곳은 호랑이를 모신 절이란다'고 말씀하셨다. 호압사가 자리한 호암산은 관악산의 한 줄기이며 숲보다 바위가 많은 산이다. 산사 위에 있는 커다란 바위는 흡사 호랑이가 누워 있는 모습이어서 산 이름도 호암산이 되었다.
 가파른 바위산을 땀을 닦으며 오르느라 숨이 차는데 호랑이가 떠올라 따라오면 어쩌나 싶은 무서운 생각에 미끄러져 손수건이 흥건하도록 피를 흘리고 무릎을 다쳤다. 그 후 나는 공부한다는 핑계로 다시는 산행을 따라가지 않았다.

강산이 여덟 번 변하고 오늘, 아들하고 개발된 주택가를 지그재그로 한참 올라가니 초여름의 울창한 잣나무 숲의 송진 내음 물씬한 산등성이 보였다. 아들 손을 꼭 잡고 계단을 한 발 한 발 조심스레 오르니 속세俗世의 번뇌를 떨쳐 버리는 경계지점이라는 일주문一柱門이 보였다.

앞마당 경내에는 일찍부터 서둘러 공양하는 중생이 북적거렸고 새롭게 말끔히 단청한 약사전藥師殿이 이 절의 규모를 말하는 듯 아담하였다. 단아한 약사전 불단에는 약사여래를 중심으로 일광보살 월광보살이 오래전부터 내려온 옛 모습 그대로 앉아 있었다. 그간 어쩌면 일제시대와 6·25 동란을 겪었으련만 의연하게 목탁 소리에 귀 기울이며 초연한 미소를 짓고 가부좌 틀고 앉아 있었다.

호압사 창건에는 호랑이가 주요 캐릭터로 등장하는데, 조선을 건국한 1392년 개성에서 한양으로 도읍지都邑地를 옮겨 정한 태조는 '호랑이란 꼬리를 밟히면 꼼짝 못하니, 범 바위가 누워 있는 산의 꼬리 부분에 절을 지으면 만사가 순조로울 것이다' 하는 방책으로 이곳에 절을 짓고, 호랑이를 누르는 곳이라고 해서 호압사라고 이름 지었다.

호랑이는 고양이과에 딸린 포유동물이며 맹수猛獸다. 시베리아 유라시아 지역 아무르호랑이, 중국 동남아, 백두산호랑이 등 눈이 많은 혹독한 추운 지역에서 동물의 제왕답게 최상위 포식자로서 생태계의 균형을 조절하는 중요한 역할을 한다.

"범은 착하고도 효성스러우며 아름다운 광채가 나고 싸움을 잘한다. 인자하고 슬기롭고도 어질다. 씩씩하고도 세차고도 사납다. 그야말로 천하에 대적할 자가 없다."
 조선 후기의 실학자이자 소설가인 연암燕岩 박지원이 쓴 『호질虎叱』이라는 소설의 첫 부분이다. 고대 소설의 주인공으로, 우리 조상들의 친숙한 동물로, 수천 년 영물靈物이자 산신령의 수호신으로 사랑을 받았다.

 19세기 말경 조선 땅을 여행했던 영국인 이사벨라 비숍은 이런 말을 남겼다.
 "조선 사람은 일 년의 반을 호랑이 쫓느라고 보내고, 일 년의 나머지 반을 호랑이에게 잡아먹힌 사람 문상을 가느라 보낸다."
 이렇게 우리네 일상생활에 끼친 영향이 엄청났다는 것 그 호환虎患을 막기 위해 나라에서는 무시무시한 호랑이를 전담하는 군대 착호군捉虎軍도 만들었다.
 대표적인 민화로는 「까치 호랑이」 그림이 있다. 이 그림은 조선

시대 권력자와 민초民草의 관계를 풍자와 해학으로 멋지게 표현한 보희報喜풍, 즉 기쁨을 전하는 신비스런 창의력이 돋보인다. 서울시 강남구 봉은사에 「담배 피는 호랑이」 그림이 있는데 호랑이는 긴 장죽을 물고 있고 옆에서는 토끼가 거들고 있다. 해학적이고 익살스런 민화로 '먼 옛날, 호랑이 담배 피우던 시절'이라는 말이 떠오르게 한다.

수년 전 정부수립 50주년을 기념하여 EBS에서 6개월여에 걸쳐 집요한 추적과 잠복을 통해 생생하게 야생 호랑이 촬영에 성공하여, 특집 다큐 7부작 「시베리아, 잃어버린 한국의 야생동물을 찾아서」를 방영했다.

아들과 절에 다녀온 날 밤 뒤척이다 새벽 빗소리에 잠이 깨었다.
올해 장마가 지구 온난화로 일찍 온다 하더니 영 소식이 없다가, 차면 기울고 기울면 다시 차는 천지의 운행을 따라 어김없이 찾아와서 반갑고 시원스레 마음을 적셔준다. 구십 나이를 바라보는 내가 반백인 아들 손을 잡고 어릴 때 아버지 손을 잡고 마음 조이며 오르던 호암산을 다녀 온 뒤 새삼 어린 시절을 다시 떠올리는 새벽이다.

2017. 7. 8.

자, 입을 벌려봐라

어린 세 자매가 햇살이 따사로운 문턱에 나란히 앉아 있다. 등을 약간 꾸부린 자세로 엄마가 주는 것 받아먹는 어린 동생을 바라보는 두 언니가 인형을 껴안은 채 자기 차례를 기다리고 있다.

젊었을 때는 무심히 지나쳤던 이 그림이 요즘 마음을 끄는 것은 어쩌면 한 세기 전 지구 저편 프랑스 화가 밀레가 자신의 가족을 모델로 한 정겨운 모습이 나에게 말을 거는 듯 친근감이 느껴져서이다.

18세기 후반에 시작한 산업혁명과 근대 과학의 발전 등으로 19세기 유럽은 도시 중심 시민계급 자본주의 사회로 변화하였다. 그러나 밀레는 그들의 시선과 관심을 인간과 사회에서 자연현상으로 옮겨 자연 속의 인간생활을 그대로 보여주어 당시에는 사회적 충격을 불러일으켰다고 한다.

회화와 조각의 거장인 장 프랑수아 밀레(1814~1875)는 교육 잘 받은 부농의 아들이었다. 진실한 그림을 그리기 위해 파리를 떠나 농촌(바르비종)에서 어렵게 생활하면서 자연 그대로의 농민의 참된 모습을 그렸다. 얼마 전까지 학교 교실이나 우리네 거실에 걸려 있던 「씨 뿌리는 사람」 「만종」 「이삭줍기」 등 그의 작품들은 수천 년 농경사회로 농사를 근본으로 살아온 우리에게 친숙함을 주었다. 자연에서 일하는 인간의 고귀한 노동을 상기시키며 그대로 충실하게 표현하여 당시 억압되었던 농민계급의 사회적 힘을 강조하기도 하였다. 특히 밀레 자신의 사랑하는 가족의 모습도 많이 남겼다. 「라 샤리테」(동정심), 「오라주」(천둥)를 비롯해 첫 아내를 모델로 한 「풀린 오노의 초상」, 최고 수작으로 꼽히는 「어머니와 아들」 등이 남아 있다.

한 세기 전 밀레 가정의 모습이나 반세기 전 나의 모습이 어찌 이리 같을까.

오 남매 중 막내가 태어나고 수유를 하며 우유와 암죽을 동시에 먹여야 했다. 의사 선생님이 모유가 아기에게 좋다 하시니 나는 억지로라도 식사 양을 늘려가며 수유하였다. 그런데 노산에다 다섯째 출산이고 너무 몸이 쇠약해 힘들어하니 두 어른들이 말리셨다.

"자, 맘마 먹자."

한입 받아먹은 막내는 맛있는지 오물오물 씹었다. 야채 우린 국물에 새우젓으로 간을 하여 구수한 내음이 스물스물 퍼져 두 딸이 바라보며 입맛을 다신다.

"원이도 줄까?" 간절히 바라보고 있던 셋째 딸이 냉큼 받아먹는다.

우리는 6·25 전쟁의 참화가 채 가시기도 전 서울에 환도해 첫아들에 이어 내리 넷째 딸을 출산하였다. 바로 1953년부터 1964년까지 1차 베이비 붐 시대가 우리 집에서 열린 것이다. 시모님은 "집안엔 기둥이 둘이 있어야 하느니라" 하시며 아들을 더 바라셨지만 넷째로 태어난 손녀딸에게 서운한 내색은 않으셨다. 첫아들 때와 같이 삼신할머니가 점지하셨다고 말씀하시며, 첫아들 태어나며 자신이 다니시는 서울 동구 밖 청량사에서 공양해 받아 오셔서 장롱 속에 고이 모셔두었던 그릇을 꺼내 정성으로 손수 미역국을 끓여 주시며 산모와 아기의 건강을 축원해 주셨다.

"사람은 다 제 먹을 것 갖고 태어나느니라" 하시며….

그간 출산의 변화를 보면 격세지감이 든다.
1960~70년대 : 한 자녀 갖기 운동
　　　　　"둘도 많다."
　　　　　"잘 키운 딸 하나 열 아들 안 부럽다."
1990년대 : "엄마 건강, 아기 건강 잘 키우자."
1996년 : 산아제한 포기
2000년대 : 노령화 시대로 진입

이제 한국은 인구의 축소를 우려하는 시대가 되어 출산을 장려하는 정책이 선거 때마다 난무한다. 출산 이후 보육의 문제가 사회적인 뒷받침으로 이루어져야 한다는 의견이 대세가 되고 있다.

결혼하고 만드는 새 가정의 의미는 무엇으로도 바꿀 수 없을 만큼 중요하다.
그리고 부모에게 사랑받고 새 삶을 열어주는 아기의 탄생은 경이로운 잠재력을 가진 미래의 희망이다. 바보들이 사는 세상에 떠밀려 올지라도 아기들이 많이 태어나 부모와 사회 전반의 축복을 받으며 잘 먹고 잘 자라 웃음 꽃 피우는 세상을 기대해 본다.

2017. 8. 25.

얼굴

1940년대 일제 강점기 태평양전쟁 막바지 와중에 오빠가 결혼을 했다.

결혼식 날 아침 어머님이 '남정네 얼굴이 왜 이리 혈색이 없나' 하시고 신랑 얼굴에 연지(호호배니)를 발라주셔서 동생들은 '남자가 연지 곤지 발랐네' 하고 오빠를 놀려주던 생각이 났다. 식장에서 하객들이 '신랑이 색시보다 잘생겼네' 하니 어머님 말씀이 '색시가 하관이 두툼해 관상학적으로 집안에 복이 들어오는 두꺼비상이니라' 하셨다.

첫인상을 좌우하는 것은 얼굴이다.

곧잘 사람들은 생김새를 포함해 얼굴에 나타나는 기운이나 호감도로 사람을 평가한다.

얼굴의 옛말도 '얼'이 깃든 '골'(洞, 동네)이라는 뜻이다. 인상人相이 심상心相인 것이다. 옛날에는 '생긴 대로 산다'는 수동적 운명론이 지배적이었지만 요즘에는 '사는 대로 생긴다'는 능동적 관상학이

우세하다. 인상을 만드는 요소 중 유전자는 고작 20~30%이고 나머지는 후천적 사회화의 과정이란다.

얼굴은 가지각색이다. 둥근 얼굴, 긴 얼굴, 까만 얼굴, 하얀 얼굴, 누런 얼굴, 다 각각 다르다. 얼굴은 바탕과 빛깔이 다를 뿐만이 아니라 얼굴을 구성하고 있는 눈, 코, 입, 이느 한 부분이도 똑같지가 않다.

이렇게 똑같지 않은 얼굴 중에서 종합적으로 잘생긴 얼굴, 못생긴 얼굴을 발견할 수 있는 것과, 생김새는 잘생겼든 못생겼든 인상이 좋고 나쁜 것이 표정의 초점을 이루는 것이다.

첫인상이 우락부락하게 생긴 얼굴이지만 자주 만날수록 그 우락부락한 모습은 깨끗이 사라지고 차차 좋아지는 사람이 있는가 하면 얼핏 보아서 첫눈에는 들었는데 두 번 세 번 볼수록 싫어지는 얼굴이 있다.

"옳거니" 하며 나는 미소를 지었다. 나의 새언니가 떠올랐기 때문이다. 당시 조경희 님은 수필 「얼굴」에서 미국에 계시던 부친이신 독립운동가 조광원 성공회 신부님께 이렇게 말씀하셨단다.

"왜 나를 보기 싫게 낳아주셨느냐?"

그때 아버지는 나 같은 철부지를 점잖게 상대해 주셨던 기억이 새롭다. 회답의 대답이란,

"인간은 본시 얼굴이 예쁜 것으로 잘 사는 것이 아니라 보다 마음이 아름다워야 사람 노릇을 한다"는 타이르는 말씀이었다.

그 아버님의 말씀대로 월당 조경희月堂 趙敬姬(1915~2005) 님은 한국문화예술과 수필가협회 회장으로 선두에서 개척하시며 빛나는 업적을 남겨 후대에 존경을 받고 계신다. 나의 언니도 오빠와 미수米壽까지 회로하며 두 분이 자라나는 어린 새싹을 지도하며 평생 교육계에서 봉직하였다.

우리 조상들은 외모보다 그 얼굴에서 풍기는 도덕적 이미지에 의미 부여를 했다. 팔품八品이라 하여 여덟 가지 분류를 했는데 위威·박博·악惡·속俗으로 인물의 됨됨이 그리고 장래성까지 가늠했는데 큰 착오가 없었다고 한다.

요즈음에는 성형과 시술로 인상을 바꾸고 자기 본래의 얼굴을 감추려 든다. 호화찬란하게 등장한 상품 속에 진짜와 가짜를 구별하기 곤란하듯이 최신식으로 '메이크업' 한 얼굴에서 누가 진정 좋은 사람인가 발견하기 힘들 듯이 말이다.

무소유를 실천하신 고 법정法頂 스님, 낮은 곳에서 수도의 길 헌신하신 고 김수환 추기경님, 맑은 샘물이 솟아나듯 사랑과 미소로 행복을 전하시는 이해인 수녀님을 보라. 그분들의 얼굴 모습에서 삶의 극악스런 흔적이나 되바라진 인상을 찾을 수 없음은 끊임없는 수도 생활의 결과라 하겠다. 사십이 넘으면 '자신의 얼굴에 책임지라'는 말이 무색하리만큼 나이 드셔도 평온하고 아름다운 모습이셨다.

어제 경기도 광주廣州에 있는 '화담숲'에 갔었다. 오색단풍 지는 숲길을 거닐고 가을의 한가운데 앉아 있었다. 지나가는 이들이 "곱게 늙어가네요" 하는 설레는 말을 했다. 그 말을 즐겁게 듣고 미소로 답한다. '내가 늙어가는구나. 이 가을 따라 흘러가는구나.' 얼굴 쳐들고 푸른 하늘을 올려다본다.

언제부터인지 아침마다 익숙했던 내 얼굴 아닌 생소한 늙은이 얼굴 바라보며 묵묵히 세월이 스쳐간 자리에 본능적으로 화장하며 덧칠을 해댄다. 살아 있음에 매번 얼마나 황홀한 축복인가 감사하며⋯.

2017. 10. 29.

천년 품속은 따뜻했네

　고도古都 경주慶州에 다녀왔다. 천오백 년 동안 민족의 정기를 오롯이 보전해 온 곳.
　6·25 동란 때 부산으로 피난한 후 결혼해 동래온천으로, 경주로, 합천 해인사로 신혼여행을 다녀왔다. 헤아려 보니 무려 67년 만에 딸들과 다시 찾아온 것이다. 경주시내에 들어가니 오랜 풍화를 견디어 온 나지막한 산과 들판에 불쑥불쑥 산등성이처럼 솟은 능들은 봄 햇볕에 파릇파릇 새잎으로 단장하고 있었다. 마치 신비로운 옛 고도 신라新羅의 응축된 시간 속으로 허허롭게 이끌어 가는 성싶었다.
　첫날엔 보문단지의 천변을 걸으며 만발한 벚꽃 아래 서서 꽃잎이 떨어지는 것을 바라보았다. 허공에 머무는 시간이 평균 5초라던데 자연은 영겁의 세월 만고풍상을 견디고 꽃을 피우며 변함없이 그 자리를 지키고 있었다.
　시내로 들어와 멀리 첫눈에 들어오는 것은 동양에서 가장 오래된 천문 관측대인 첨성대瞻星臺였다. 하늘을 보며 별을 관측한 첨성대는 국보 제31호로, 신라 선덕여왕善德女王(재위 632~647) 때 석조물로서 직선과 곡선이 잘 어우러진 안정감 있는 건축물이다. 화려한 디지털 시대 첨성대의 야경은, 오랫동안 아무것도 손대지 않았던 빛바랜 추억 속 시간여행을 걷는 내 메마른 가슴을 서늘하게 흔들었다.

지난날 신혼여행으로 왔을 때 첨성대 앞에서 그와 나는 나란히 서서 서먹하게 기념사진을 찍었으며 그는 이제 하늘로 가고 세월을 건너뛰어 그의 분신인 딸들이 내 곁에서 서서 인증샷 하고 웃고 있다.

둘째 날에는 봄 햇살이 따뜻한 반월성을 끼고 굽이굽이 흐르는 천변을 따라 서천과 북천이 만나는 청소淸沼로 갔다. 물살이 험해, 옛 전설에 날아가던 기러기도 반드시 앉았다 간다는 예기청소藝妓淸沼에는 깊고 푸른 물이 일렁이고 있었다.

이곳은 김동리金東里의 『무녀도巫女圖』로 더욱 유명해진 곳이다. 이 소설은 전통적인 무속신앙과 기독교의 충돌로 인해 모자가 맞은 비극적 파탄을 그리고 있다. 무녀로 초혼招魂하다 강에 잠기는 춤추는 무당 모화를 그리며 휘감아 돌면서 늪이 되어, 명주실 한 꾸리를 다 풀어도 밑이 안 보일 정도로 깊다는 곳이다. 신라시대부터 이어온 굴곡진 삶의 애환을 그린 이 글이 어린 마음에도 슬퍼 어머니 반짇고리에서 명주실을 꺼내 보며 생각에 잠기곤 했다. 엊그제 같은 어린 시절….

오후에는 신라시대 유일한 인공 석굴인 석굴암石窟庵으로 갔다. 동해에서 불어오는 센 바람이 토함산吐含山을 지나면서 숨 쉬기 좋을 만큼 부드러워지며 돌 중 단단한 화강암이 많이 탄생하였다고 전해진다. 석굴 사원은 751년에 만들어졌으니 무려 1,200년 동안 보전되어 있으며, 세계에서 유례없는 뛰어난 기술로 동해에서 해가 뜨면 먼저 미간에 비치도록 불상이 앉아 있다.

석굴암을 올라갔다가 불국사에도 들어가 보았다. 인도 마가다국 왕사성에 있는 영취산을 드러내어(吐) 마음속에 머금게(含) 하여 부천(부처)님의 나라를 바로 이곳 경주 성산聖山 토함산吐含山에 세운다 하여 불국사佛國寺라 했다는데, 여기에서 신라인들은 그들의 불심을 지탱했던 것이다. 골짜기마다 솔 향에 취해 고불고불 산등성을 돌아가니 크고 작은 돌부처들이 가부좌 틀고 앉아 소박한 웃음으로 오고 가는 객을 반겨주어 숨차고 무거운 발걸음에 힘을 실어주었다.

청량한 목탁소리 들으며 극락으로 오르는 계단을 올라 대웅전에 참배하고 내려오면서 마주 보고 있는 무영탑無影塔과 다보탑多寶塔을 바라보았다. 어릴 때 뵌, 소설 『무영탑』을 쓰신 소설가 빙허 현진건 憑虛 玄鎭健(1900~1943) 님이 떠올랐다. 석가탑 설립에 얽힌 솜씨 좋은 백제 석공石工 아사달의 예술혼과 아사녀의 안타까운 사랑 이야기를 묘사한 민간 설화를 바탕으로 아름다운 글을 남기셨다. 그는 당시로선 드물게 콧수염을 기르고 계셨다.

해가 뉘엿뉘엿 서산에 지니 칠흑 같은 밤을 수놓은 현란한 불빛을 따라 문무왕 14년(674)에 만들었다는 월지 옛 안압지雁鴨池를 찾았다. 땅을 파 못가에 별궁 동궁東宮(19년)을 지어 연못에다 진기한 꽃과 짐승을 길렀으며 나라의 경사스런 일이 있을 때나 손님을 맞을 때 이곳에서 연회를 베풀었다고 한다. 지배자들이 황금을 권력의 상징으로 여기며 통일 신라 문화를 꽃 피우던 곳이다. 오늘도 석공 아사달과 아사녀의 슬픈 전설을 머금은 채 여전히 검푸른 물길이 흐르고 있었다.

이번 여행은 색다르게 펜션에 머물렀다. 우리가 머물던 곳은 고향 경주를 지키는 예술가의 아틀리에가 있는 곳으로 크고 작은 작품들이 아름답게 꾸며져 있고 온갖 사철 꽃들이 앙증맞게 피어 있었다. 나에게는 펜션 벽에 적힌 손영숙 님의 글이 특히 인상적이었다.

꽃잎 일제히 빗장 열고 / 초록 지천이다.
봄볕이 꽃술을 흔들어 대면 / 나는 꽃 멀미를 하게 된다.

시원스레 너른 뜰에 알록달록 차려입은 관광객의 감탄을 들으며 살갑게 어울려 지낸 며칠은 옛날 신라 천년 속을 숨 쉬듯 달리던 추억이 되었다. 오래전 나의 신혼여행 추억과 『무녀도』의 춤추는 모화도, 백제 석공 아사달·아사녀의 지고지순한 혼백도 전설이 되었듯이 딸들과의 이번 여행도 오래도록 기억되어 꿈같은 추억으로 남을 것이다.

2018. 05. 20.

세모시 옥색치마

세모시 옥색 치마 금박 물린 저 댕기가 / 창공을 차고 나가 구름 위에 나부낀다 / 제비도 놀란 양 나래 쉬고 보더라

김말봉金末峰 작사, 금수현 작곡의 가곡 「그네」 가사이다.
단오를 맞아 지어 입는 단오빔 옷감으로 사용되었던 것이 바로 이 노래에 등장한 '모시'다.

1930년대 초등학교 들어가기 전 모처럼의 나들이로 어머니 손을 꼭 잡고 생소한 작은 시냇물이 흐르는 한적한 둑길을 걷고 있었다. 일제시대 어머니들은 바깥출입이 거의 없었는데 그날 웬일로 어머니는 나를 데리고 나들이를 하셨다.
어머니는 반듯하게 가르마 타시고 물 흐르듯 뒤로 쪽찌시고 칠보 무늬 은비녀를 꽂으셨다. 옷매무새는 시원한 흰 깨끼적삼에 화사한 연옥색 모시 치마를 입으셨는데, 바른손으로 내 손을 잡으시고 왼손으로는 치마를 잡은 채 다소곳이 유연한 곡선을 그리며 걷

는 모습은 어린 눈에도 참 고와 보여 내심 으쓱하였다. 아련하게나마 지금도 눈에 선명히 기억난다.

　도착한 곳은 자주 놀러 오시는 어머니 여학교 동창으로 교편 잡고 계시는 아주머니 댁이었다. 그 아주머니가 먼 길 왔다고 반기며 우리를 방으로 이끄셨다. 이번에 늦은 결혼으로 강원도 철원으로 가시게 되었단다. 서울을 떠나시게 되면 기약 없는 이별을 맞게 될 수 있어 두 분은 손을 맞잡고 우셨다. 어린 나는 고운 연하늘색 모시 치마에 눈물이 두어 점 뚝뚝 떨어져 물방울무늬로 얼룩지는 것을 바라보고 있었다.

　1,500년 전쯤 백제 시대 중국에서 들어온 모시는 한민족의 사랑을 받았다. 특히 무덥고 눅눅한 한반도의 여름나기에 좋은 고려 세포高麗 細布로 사랑받는 직물이 되었다.

　천연섬유 시절 우리네 여인들은 낮에 고된 농사일을 마치고 등잔 밑에서 밤새 물레 앞에 앉아 작업을 하며 가족들의 옷을 만들어 입혔다. 식물에서 얻은 실을 일일이 손으로 가늘게 쉬지 않고 물레질하며 길게 이어, 실을 씨줄로 날줄로 엮으며 아름다운 천으로 만들어가는 과정은 대단한 노동이었다.

　전해오는 전설 속 칠월 칠석(7月 7夕) 견우직녀牽牛織女도 소를 모는 남정네와 직물 짜는 여인이다.

　땀이 나면 옷에 스며들게 되는데 한국의 모시나 삼베는 땀이 난

살의 표면에 시원한 바람이 스쳐 쾌적하게 증발시킨다.

  귀하게 대접받았던 모시옷이나 삼베옷이 지금은 옷의 차원을 넘어 문화재이자 예술적인 작품이 되었다. 삼베는 날이 건조해지면 바람이 들락거려 올이 부서지기 쉬워 한여름만 입을 수 있는 반면, 모시는 만들기에 따라 봄·여름·가을 옷감으로 널리 쓰였다. 그러나 한국적 기후조건에서 가장 쾌적하게 살 수 있는 섬유구조가 삼베옷이다. 막걸리가 한국 전통 술이요, 아리랑이 한국 노래이듯이 모시와 삼베는 한국인이 즐겨 입는 옷감이다.

  한산 모시는 충청남도 서천군 한산지역에서 생산되는 고급 모시로 한산 모시 짜기 기능은 중요 무형문화재 제14호로 지정되어 있으며 2011년 11월 28일 유네스코 인류무형문화유산으로 등재되었다.

  수년 전 파리에서 열린 전통한복 연구가이신 고 이영희 님(1936~2018)의 〈한복, 상상력에 날개를 달다〉라는 패션쇼에서 우리 고유의 모시와 노방을 소개하여 세계 무대인 파리에서 선풍적인 인기를 얻었다. 단아한 한복 저고리, 속적삼까지 훌렁 벗어 던지고 잠자리 날개 같은 모시 치마를 두른 모델을 파리 프레타포르테(고급 기성복) 무대에 세워, 신비스럽고 무한한 영감을 불러일으키는 '바람의 옷'이라는 찬사를 들은 것은 널리 알려진 이야기다.

작년 이맘때 빨아 장롱에 두었던 모시옷을 풀을 입혀 반듯하게 손질하였다.

벌써 후덥지근한 올여름 풋풋한 나무와 바람 냄새 나는 모시옷으로 자연의 냄새를 맡으며 요즘 밀려오는 외로움을 날려 버려야겠다. 그리고 젊은 세대에게 잊혀져 가는 조상의 아름다운 숨결을, 숭숭 바람결 같은 어머니의 사랑을 심어주어야지….

2019. 7. 7.

저승이 얼마나 좋으면

한 치 앞을 내다보지 못하는 게 우리 인간사이다. 어김없이 계절은 무더웠던 그 여름 가슴 아픈 추억을 몰고 와 마음이 아려온다.

1930년대 아주 어릴 때 고모네 집에 가면 한 살 아래 동생하고 그곳에 늘 놀러와 마주치던, 서너 살 아래 사돈이 있었다. 둘 다 똑똑하고 예쁜 소녀였다. 우리 셋은 반가워 땅따먹기며 공기놀이 같은 것을 하다가 지치면 책도 읽곤 했다. 조용한 성품의 귀여운 동생들이었다.

일제 강점기를 거쳐 8.15 해방, 6·25 동족상잔의 와중에 같은 대학에 진학하고도 모르고 지냈다. 세월이 훌쩍 지나 우리가 다시 만난 것은 1979년 대한주부클럽연합회 주최 10대 신사임당 행사에서였다. 그때 사돈동생은 수필 장원, 나는 한글서예에 입상하여 시상식에서 만났다. 그해 10대 신사임당에 추대된 서예가, 자수연구가이며 『황진이가 되고 싶었던 여인』 저자이신 이학李鶴 선생님 댁인 세검정 고개마루턱 넓은 마당에서 즐거운 한때를 보낸 아련한 추억이 있다.

　무심한 세월은 유유히 흘러 강산도 변한다는 10년 외국생활을 마치고 돌아온 나는 인생 마지막 구간을 마무리하고자 삼성동 현대백화점 무역센터에서 문학수업을 받았다. 사돈동생도 수년 전 압구정반에 나왔다는 임헌영 교수님 말씀에 수소문하여 소꿉친구 셋이 다시 만났다.

　사돈동생은 아담한 체격에 그 나이에도 여전히 곱디고운 매무새에 범상치 않은 총명한 여인이었다. 만나면 그에게 외삼촌이신, 우리나라 제헌헌법制憲憲法 창초하신 유진오兪鎭午 박사님 생각이 나 어쩌면 그리도 닮았냐고 하면 계면쩍어 하면서도 미소 지으며 좋아했다.

　수필로 장원을 해 문학의 길을 걸으며 글을 쓰려 했으나 그 후 휘몰아치는 바람에 절필絶筆을 하고 말았다고 했다. 그 허전함을 원한 없이 세계 각국 문학기행을 따라다니며 구름 흐르듯 살았노라 했다.

　우리는 덧없이 흘러간 지난날을 회상하며 두 번의 우연한 만남에 여든 고개 지난 마지막 구간을 즐겁게 마무리하며 지내자고 다짐했다. 그런데 사돈 동생은 지난날 중국에서 알고 지내던 중국어 선생님에게 중국어를 배운다고 무릎 수술 받아 지팡이에 의지하는 불편한 몸으로 전철에 몸을 싣고 사당동에서 청량리까지 성치 않는 몸을 채찍질하며 다니고 있었다.

"이 나이에 중국어 배워 어디 써먹게. 그 몸으로 먼 길을 다니냐."
"언니, 집에 있으면 무엇해. 이런저런 잡생각만 나서."
그는 걷잡을 수 없이 밀려오는 노년의 외로움을 잊으려 자신과의 치열한 싸움을 하며 지내다가 그만 교통사고를 당해 다시 못 올 길로 떠나고 말았다.

보고픈 동생 이명숙아,
총명하고 활기찼던 동생의 도움 받으려던 언니 마음 모르는가, 허무하게 가버리는가!
어느 해 정초에 고모부 뵈러 갔을 때 잘 왔다며 오면 주려 하셨다며 '견운청천攘雲靑天'이라고 정성 들여 쓰신 휘호를 주셨어. 그때 오남매와 치열한 시련을 겪으며 힘든 날을 보내고 있는 나에게 힘을 주시려 하는 따뜻한 마음을 읽었어. 그런데 그 후 동생네 집에 가니 같은 글이 걸려 있었어. 어릴 때 우리 자라는 것 지켜봐 주신 어른이시니 풍파에 시달리는 우리에게 제발 구름 걷은 밝은 하늘 보이라고 자상한 마음으로 격려 말씀해 주신 것이었구나, 했어.

　우리는 서너 살 차이인데도 너는 두 언니 앞에서 젊음을 뽐내며 해박한 화제로 선도하며 웃겼지. 한번은 『왜 사냐면. 웃지요』 책을 읽었다며 "저승이 얼마나 좋으면 거기 한번 가면 돌아온 사람이 하나도 없겠는가." 재치 있는 유머를 들며 웃기던 모습이 눈에 어린다.
　"명숙아, 그 말이 맞네. 가족들 만나니 반가워 못 오지?"

2019. 10.

기탄쟈리- 신께 드리는 송가

1913년 동양인으로 최초의 노벨문학상 수상자이자 인도주의자이며 철학자인 구르데브라빈드리나 타고르Gurudev Rabindranth Tagore(1861~1941) 탄생 152주년을 기하여, 한국타고르문학회, 한국인도문화연구원 원장님이신 초의 김양식草衣 金良植 님이 그의 『기탄쟈리- 신께 드리는 송가』 한국어 영어 대역본을 출간하였다고 보내왔다.

당시 인도印度 타고르의 수상이 발표되자 세계의 이목이 200년 긴 세월 영국 식민지하에 있던 동양의 인도에 집중되었다. 그 후 시성詩聖으로 세계 각국을 순방하며 동서 문학의 융합에 힘쓰며 일제강점기, 나라를 빼앗긴 우리 조선민족에게 「동방의 등불」 짤막한 4행시를 보내왔다. 그리하여 정의와 사랑을 외치고, 광복과 독립을 예언하여 큰 용기와 감동을 안겨주었다.

일즉이 아세아의 황금시대에 / 빛나든 등촉의 하나인 조선 /

그 등불 한번 다시 켜지는 날에 / 너는 동방의 밝은 빛이 되리라.

— R. 타고르, 주요한 역

타고르의 103편 연작 종교시에는 자신이 자란 인도 벵골의 푸른 숲과 갠지스강의 온화하고 소박한 평화가 깃들어 있다. 동양의 심원한 사상과 인도의 종교적 영험이 새벽이슬 맺힌 듯한 시어詩語로 영혼이 끌려들 듯 스며들어 있다.

님은 나를 날마다 소박하고 소중한 자로 만들어 주시고, 내가 미처 청하지 않은 이 하늘과 빛 그리고 육신과 생명과 마음을 또 나로 하여금 지나친 욕망의 함정으로부터 이 몸을 구해주십니다. (14번 중에서)

나는 이 세상 잔치에 초대되어 이처럼 나의 삶은 축복 받았습니다. 내 눈으로는 이 세상의 것을 보았고 내 귀로는 이 세상의 소리를 들었습니다. (16번 중에서)

님의 햇살은 두 팔 크게 벌리고 내가 사는 지상으로 오시어 온종일 내 문전에 서서 내 눈물과 한숨과 노래로 이루어진 구름을 님의 발치로 되돌리십니다. (68번 중에서)

시성 타고르는 1861년 부유한 브라만 계급의 명문가에서 14 남매의 막내로 태어났다. 불행하게도 14세 때 어머니를 잃었고 영국으로 유학을 갔다. 한때 마하트마 간디와 함께 비밀 결사대에 가담해 독립 투쟁에 투신했다. 그러나 아내와 세 아이의 죽음을 겪은 뒤 1908년 이후 경건한 종교 시인의 길을 걸었다. 그의 대표작 『기탄자리』가 이때 딘생했고 그 후 6,000여 편의 시를 남겼다. 인도인이면서 식민지 종주국인 영국의 왕에게서 기사작위騎士爵位를 받았고, 스웨덴 한림원翰林院에서 기꺼이 아시아 최초의 노벨상을 주었다. 혼탁과 시름을 품고 말없이 흐르는 갠지스강의 후손인 인도인들은 두 성자 타고르와 간디를 추앙하며 그 시비是非를 가리지 않는다.

어릴 때부터 시인의 자질을 인정받은 초의 김양식 님은 스승 미당 서정주徐廷柱 님의 추천으로 등단하였다. 2020년 10월 한국팬클럽에서 노벨문학상 후보로 추대된 바 있으며 제12회 미당 시맥회상詩脈會賞을 수상하였다. 2020년은 미당 서정주 시인의 탄생 105주년, 서거 20주기가 되는 해라서 시상식과 어울러 추모 행사도 열릴 예정이었으나 코로나로 시상식은 연기되었다.

동문인 고 박완서朴婉緖 님, 한말숙韓末淑 님과 앞서거니 뒤서거니 모교인 숙명여고 작가모임인 숙란회淑蘭會에서 활약하고 있다.

영국의 식민지하에서도 끌어 올린 경건하고 신선한 시어詩語로 갠지스강의 혼탁한 물결을 정화시켜 세계인의 시성으로 추앙받았듯이, 36년 일제 식민지하의 나라 우리말과 이름을 잃었던 순박한 백의민족을 묵묵히 지켜보는 조선의 젖줄인 한강漢江의 기적을 문학으로 꽃피워 이룬 후배들이 있어 너무나 자랑스럽다.

그리고 초의 님은 반세기를 인도를 오가며 수집한 인도 풍물로 우리나라 최초의 인도 박물관을 열었고 시성 타고르 문학회와 함께 경상남도 김해金海 넓은 터전으로 옮겨갈 것이다.

1929년 한 세기 전 암울한 일제하日帝下에 신음하는 한민족에게 예언자 타고르는 「동방의 등불」에서 "코리아 일어나라!" 외쳤다.

우리는 그 외침을 되새겨야 할 것이다.

2021. 4. 25.

여인의 향기

"곱게 늙으시네요. 세월을 거꾸로 걸으시나 봐요."

언제부터인지 이런 말을 들을 때면 설렘 대신 내가 늙어가는구나 싶다. 그래서 서글픈 생각에 노년의 우울증이 들며 허탈한 공허감이 밀려온다. 세월의 흐름에 차분하게 마음을 다잡아 볼 때이다.

일전 범우사凡友社 발행 범우문고(291호) 수필집 『아름다운 배경』에서 우리 수필계의 중진이신 정목일鄭木日 님의 「팔순 어머니와 화장품」을 읽었다. 흐뭇한 광경에 마음이 따뜻해지며 비슷한 연배이니 공감이 가서 절로 미소 지었다.

"얘야, 화장품이 사고 싶구나."
팔순 노모 입에서 '화장품'이란 말이 나올 줄은 꿈에도 생각하지 못했던 일이다.
그러나 어머니가 노인이라 할지라도 여인임에 분명했다. 어머니께 한번도 '화장품'을 사드리지 못한 일이 부끄럽게 느껴졌다.

옷가지나 생활용품을 사드렸지만 어머니와 연관하여 '화장품'이란 낱말조차 떠올려 보지 못했다. 어머니께서도 거울을 보고 화장을 하고 싶어 하는 여인임을 왜 미처 깨닫지 못하였을까. 아름다움을 간직하고픈 본성을 절대로 놓칠 수 없는 여인이라는 걸 늦게야 알게 된 것일까. 어머니에 대한 무관심이 가슴을 아프게 했다.

어머니가 돌아가시기 이 년 전 어느 토요일 집 앞에서 어머니를 만났다. 노인정 다녀오시는 길인 듯 나는 반가워서 손을 잡고 걷다가 백화점에 뫼시고 갔다. 84세 어머니는 망설이다가 부끄러운 듯 미소를 띠우면서 말씀하셨다.

"노인이 쓸 가장 좋은 화장품으로 주세요."

어렸을 적에 보았던 젊고 여여쁜 어머니의 모습이 떠오르고, 어쩌면 장수하시겠다는 생각이 들어 휘파람이 솔솔 나올 듯했다. 여인은 늙는다고 하여도 미에 대한 갈망을 버릴 수 없다. 그것은 영원히 간직하고픈 꿈일 것이다.

— 정목일, 「팔순 어머니와 화장품」

80년 전 어릴 때 아침에 학교 가느라 뛰어나가는 나를 어머니는 늘 불러 세웠다. 여자가 민낯으로 다니면 잡티가 생긴다고 하시면서.

그때 주로 화신백화점에서 사신 아껴 바르시던 '빠삐리오' 화장수를 얼굴에 발라주셨다.

안방 아랫목 어머니 화장대에는 작은 상자 엎어놓은 듯 작고 둥근 거울이 있고 달랑 화장수 두 통, 크림 한 통이 있었다. 그리고 추울 때 여린 우리 손이 트는 것 막기 위해 발라주시던 글리세린이 있었다.

8.15 민족 해방되는 혼란기에는 늦가을엔 마당에 정성스레 기르시던 여주, 수세미를 나무 밑둥을 잘라 수액을 받아 글리세린을 섞어 화장수를 만들어 꾸준히 민얼굴에 발라주셨다.

그 후 물밀 듯 서구화장품이 들어왔지만 어른들은 "네 나이에는 안 꾸며도 예쁘다" 하셨다. 하지만 어른들 말씀이 무색하게 재빠르게 외모 지상주의 사회가 되었다. 여린 피부에 기초화장 색조화장이니 미디어를 통한 치열한 화장품업계의 상술이 많이 작용한다.

새벽에 동이 트고 밝은 오늘의 태양이 비치면, 아흔 넘은 긴 세월의 나이테를 만들어 늙어가고 있는 것에 감사한다. 자칫 게을러지는 몸과 마음을 일으켜 세워 세안 후 살짝 화장한다. 건강이 허락하는 동안 변함없이 부지런히 문지르고 두드리고 바른다. 나도 모르게 화사해진 얼굴에 우아하게 품위 있게 여인의 향기를 품어내야지 한다.

그러면 밀려오는 노년의 우울증 내지는 외로움도 사라지고 어느새 상쾌하게 마음이 열려 넉넉해진다.

2019. 11. 1.

시인의 언덕에 봄은 오는가

엊그제 나의 스크랩북에서 〈윤동주尹東柱 시인의 조선일보 스크랩에서〉를 읽었다.

용정에서 시인의 『조선일보』 스크랩을 직접 본 문학평론가 임헌영 중앙대 교수는 "스크랩은 예나 지금이나 신문기사에 대한 지극한 애정과 영구 보전 의지를 반영하는 것"이라며, "만주에서까지 동포 젊은이들이 문학 수업과 민족정신 함양의 목적으로 국내 신문을 이처럼 열독하고 있었다는 것은 신문의 영향이 얼마나 지대했나를 입증한 것"이라고 말했다. 임 교수는 "윤동주의 스크랩은 또 당시에 신문에 기고하는 지식인들이나 이를 읽은 독자들이 이념이나 유파를 초월해 민족이란 틀 안에서 동질감을 유지하고 있었음을 보여준다."고 하였다.

어릴 시절, 암울했던 1930년대 우리 집 사랑방 한편에 있는 책들과 비록 일본제국의 검열을 받았지만 신문이 세계와 소통하는 유일한 정보망이었다.

2012년 7월 청운동 완만한 고갯길 시인의 언덕에 윤동주문학관이 개관하여 이듬해 봄에 한국산문 문인들과 다녀왔다.

서울 서촌, 인왕산의 출발점이자 북한산의 끝자락에 위치한 창의문에서 이어지는 성곽을 따라 걷다 보면 시인의 언덕길 울타리에 시인의 「서시」가 새겨진 시비가 눈길을 끈다.

> 죽는 날까지 하늘을 우러러 / 한 점 부끄럼이 없기를, / 잎새에 이는 바람에도 / 나는 괴로워했다. / 별을 노래하는 마음으로 / 모든 죽어가는 것을 사랑해야지 / 그리고 나한테 주어진 길을 / 걸어가야겠다. / 오늘 밤에도 별이 바람에 스치운다. (1941. 11. 20)

인왕산 자락에 버려져 있던 청운 수도가압장과 물탱크를 개조해 만든 〈하늘과 바람과 별이 함께하는 윤동주문학관〉이 있다. 시인의 순결한 시심詩心을 상징하는 전시실이 있고, 「자화상」에 등장한 우물을 재연하여 물탱크의 물에 흔적으로 시간의 흐름과 기억의 퇴적을 느끼도록 해준다. 문학관 뒤에 펼쳐진 시인의 언덕에 오르니 꾸불꾸불 양지바른 푸른 잔디 사이로 물 찬 제비처럼 제비꽃이 봄바람에 지천으로 반겨주고 있었다.

2011년 3월 일본 규슈지역 역사문학기행을 한국산문작가협회와 계간문예, 세계한인연합 공동주최로 다녀왔다. 윤동주는 일제

시대 땐 시집 한 권 남기지 못하고 독립운동 혐의로 사상범으로 몰려, 그렇게 기다리던 조국의 광복을 불과 6개월 앞둔 1945년 2월 16일 일본 규슈 후쿠오카 형무소애서 생체실험 대상이 돼 성분 불명의 주사를 맞고 27년 2개월의 짧은 생을 마감했다.

　형무소 건물을 보니 어느 한구석에도 음산한 죽음이나 끔찍한 고문의 냄새 따위는 없었다. 푸른 하늘과 파란 잔디에 봄바람에 실려 온 홍매화향이 마음을 스산하게 했다. 뒤편에는 송림 건너 바다가 출렁이고 있었다. 시인은 억압과 구속의 어두운 아침을 맞아 피폐해질 대로 피폐해진 가운데에도 자기의 독방을 찾아 울어준 귀뚜라미 한 마리에 감사하다고 하였다. 군국주의 제단의 제물이 되어 "내 죽는 날 아침에는 서럽지도 않는 가랑잎이 떨어질" 무서운 시간이라고 했다.

　후쿠오카 시민들로 구성된 〈윤동주의 시를 읽는 모임〉은 1995년부터 후쿠오카시 구치소 담 밖 공원에서 해마다 시 낭독회를 연다. 기일인 1995년 2월 16일에 60주년 한일 합동 추모식에 이어 "동주님 동주님" 하며 시인의 「서시」를 읽으며 회원들이 참회의 눈물을 흘렸다.

　"나는 종점을 시점으로 바꾼다" 했던 시인의 예언처럼 한 점 부끄러움 없기를 갈망했던 해맑은 영혼을 위해 하늘은 무심치 않았다.

암울하고 어두운 민족의 슬픔을 외적이 아닌 마음 깊은 성찰을 통해 문학으로 애처롭게 호소하며 우국순정憂國殉情한 시인의 삶과 죽음을 되새겨봄으로써 일본日本은 자국이 저지른 부끄러움을 반성하며 양국의 인식차를 메워가며 바람직한 미래를 헤쳐가야 한다.

"서릿발에 끼친 낙엽을 밟으며 멀리 봄이 올 것을."
시인의 언덕에 해마다 새봄을 여는 예쁜 제비꽃처럼 멀지 않아 조국의 봄은 올 것이니….

2020. 3. 15.

이름 석 자, 나다운 호號

세상에 태어나지 않은 자는 이름이 없다.
시인 김춘수는 「꽃」이라는 시에서

> 나의 이 빛깔과 향기에 알맞은 / 누가 나의 이름을 불러다오

몸이 있으면 이름이 있는 법, 저마다 태어난 후 부모님이 지어주신 이름은 집안의 전통과 틀(항렬)에 따라 떳떳한 자신의 바탕이며 고유성, 존귀성을 담고 있다. 그러나 호號는 개인의 인생에 대한 가치관과 취향을 반영하고 이름처럼 자신을 과시하지 않는 겸손한 품격과 자세가 그 바탕에 깔려 있다.

일제 강점기, 일본은 한일 합병으로 신사참배神寺參拜를 강요하며 우리 고유의 말과 한글 금지정책으로 창씨개명創氏改名하여 일본식 이름으로 바꾸라고 강요하며 숨조차 쉴 수 없게 억압 통치하였다. 역사는 임진왜란 이후 호시탐탐 조용한 아침의 나라를 발판으로 대

륙침략의 야욕을 가지고 순박한 백의민족을 압박하고 있었다.

1940년대 나는 여학교 입학의 기쁨도 잠시 창씨개명이란 미명 아래 교무실에 불려가 일본인 선생님께 훈시를 들어야 했다.

어젯밤 학교애서 써 오라는 가정 환경부에 "조상님께 물려받은 이름이니 창씨개명을 질대로 할 수 없다"고 이버님이 말씀하신 대로 써냈기 때문이다. 집에 와 잔뜩 주눅이 들어 기가 죽어 있는 나를 보시더니 아버님은 "이렇게 예쁜 이름을 왜 고치라고 하는지…."

허허 웃으시며 차근차근 알아듣게

"우리 조상 밀양박씨密陽朴氏는 신라 규정공新羅 糾正公 후손이며 찬성공파贊成公派이니라. 네 이름은 항렬 따라 비단 기錡, 맑은 숙淑이지."라 하시며 이름이 주는 정체성 자긍심을 가지라고 말씀하셨다.

당시, 베를린 올림픽 마라톤에서 우승한 손기정孫基禎 선수 일장기 말살 사건에 아버님이 다니시던 신문사(동아일보)가 정간되어 집안이 어수선하여 어린 마음에 다시는 말씀드리지 못하였다. 반에서 서너 명 대열에 끼었지만 당당하게 끝까지 버틸 수 있었다.

우리나라는 삼국시대부터 호를 썼으며 서로 데면데면한 사이를 가깝게 하는 힘이 있어 아호雅號라고도 한다. 전통적으로 '호'는 첫째, 태어난 삶터자리를 뜻하고 둘째, 좋아하는 것을 나타내 얻고자

하고 셋째, 이루고 싶고 누리고 싶은 것을 뜻하여 의미가 담긴 속내를 깨달을 수 있다. 공자는 회사후소繪事後素라고 했다. '갖춤이 있고 나서야 꾸밈이 따른다'는 뜻이다. 한마디로 겉과 속을 함께 채워야 부끄럽지 않은 군자君子라는 것이다.

우리 민족의 큰 어른이신 백범 김구白凡 金九 선생님의 호는 가장 미천한 이에게까지 애국심을 나타내려 호를 백정白丁과 범인凡人을 딴 백범白凡으로 하여 깊은 뜻을 담았다.
신사임당申師任堂은 주周 나라 문왕文王의 어머니 태임太任을 사師, 스승으로 본받겠다는 뜻으로 지었다.

아버님이 거처하시던 사랑방 장지문 위에는 '금계 서재錦溪 書齋'라고 쓴 의창 오세창葦滄 吳世昌 님의 전서篆書가 반겨주었고 오시는 손님은 서로 다정하게 호를 부르며 풍류를 즐기셨다.
육당 최남선六堂 崔南善 님, 인촌 김성수仁村 金性洙 님, 월탄 박종화月灘 朴鐘和 님, 빙허 현진건憑虛 玄鎭建 님, 청전 이상범靑田 李相範 님, 소정 변관식小亭 卞寬植 님이 다녀가셨다. 그분들이 모이시면 먹을 갈고 붓을 들고 화선지에 사군자를 치시며 마지막에 낙관落款으로 호를 써 품격 있게 마무리를 하셨다.

아버님은 한반도 반허리인 충북 진천鎭川 평야에 굽이굽이 흐르는 금강錦江 계곡에서 태어나셔 호를 금계錦溪라 하셨다.

  신문사 같이 다니시던 수주 변영로樹州 卞榮魯 선생도 본거지인 경기도 부천富川의 신라 때 명칭인 수주로 호를 지으셨다.

"아버지 저도 호 있어요. 지켜주신 이름 석 자 위에 밝은 구름 바라보며 혜운彗雲, 멋지지요."

2020. 4. 12.

흘러간 노래는 흥겨워

마주치는 눈빛이 무엇을 말하는지 / 난 아직 몰라 난 정말 몰라 / 가슴만 두근두근 아~ 사랑인가 봐

— 「짝사랑」(이효섭 작사/주현미 노래)

1980년대 우리 부부는 오 남매 출가시키고 미국 동부 뉴욕에서 주말이면 근방을 드라이브하며 홀가분한 마음으로 세계 최강국의 풍요로움에 취해 삶의 마지막 여정을 즐기고 있었다. 넓은 대륙이니 그는 운전이 지루해 졸음이 쏟아지면 조수석에 앉아 있는 나에게 "노래 부르시오" 했다. 일정시대 나라 잃은 설움이 깔린 우리 또래는 어릴 때부터 노래 부를 분위기가 아닌 가라앉은 속에서 자랐다. 하는 수 없이 애들에게 한국가요집을 보내라 해서 부르면 그는 "땡" 하고 틀린 것을 지적해 둘이 파안대소破顔大笑하였다. 그때 흥이 얼마나 사람에게 즐거운 기쁨과 행복을 주는지 깨달아 마음이 가라앉아 울적하면 버릇처럼 흥얼거려 마음을 다잡는다.

새해 벽두부터 TV 어떤 종편에서 방영되어 우리를 뜨겁게 달구었던 〈미스터트롯〉, 그들의 숨은 실력에 코로나19로 두어 달 답답하고 우울했던 마음이 풀려나가듯 하다 나도 덩달아 흥에 겨워 귀에 익은 멜로디에 장단 맞추어 흥얼거렸다.

그뿐이 아니고 풍자와 해학도 으뜸이다. 집에 있다던 여자친구가 '교회 오빠'와 클럽에 나타나자 "니가 왜 거기서 나와~ 너네 집 불교잖아~" 하며 뒷목잡고 호통치며 노래 부르는 트롯맨의 넉살은 온 나라를 웃겼다.

어릴 때 어머님은 바느질을 하시면서 반짇고리 옆에 앉아 있는 내게 들릴락 말락 하는 목소리로 흥얼거리셨다. 당시 일본 유학생이며 조선 최초의 소프라노였던 윤심덕尹心悳이 부른 「사의 찬미死의 讚美」는 루마니아의 왈츠 곡 「도나우 강의 잔물결(Little Waves of Donau)」을 번안한 곡으로 이루지 못한 사랑의 절절한 노래였다. 전라도 갑부의 아들과 사랑에 빠졌지만 상대가 유부남이어서 맺을 수 없음을 한탄한 윤심덕, 현해탄 거친 물결에 뛰어들어 정사를 했다.

나는 아버님은 어떤 노래를 좋아하시나 궁금했다. 아버님은 술이 거나해지시면 우리 민요가락 「성주풀이」를 부르셨다.

낙양 성 십리허에 / 높고 낮은 저 무덤에 / 영웅호걸이 몇몇이며

> 절세가인이 그 누구냐 / 우리네 인생 / 한번 가면 자기 저 모습 될 터이니 / 이랴 만수 이랴 대신이로구나.

우리 백의민족은 시대에 따라 흥도 지역마다 향토의 특색을 살려 삶의 애환을 담아 분출하였다. 민족이 위기에 처했을 때 부르던 흥겨운 가락은 아리랑이었다.

「진도珍島 아리랑」「영암靈岩 아리랑」「정선旌善 아리랑」「밀양密陽 아리랑」은 이제 이 나이에도 흥에 겨워 절로 어깨가 들썩거려진다.

천재지변이라 할 수 있는 코로나19 바이러스가 인류를 덮치고 전 세계가 예상도 못 했던 불안과 공포를 겪으며, 귀중한 생명들이 매일같이 실려 나가고 있다고 한다. 아흔 고개 넘은 이 나이에 애들이 이따금 전하는 카톡이나 '안전문자'와 '자발적 거리두기' 하라는 문자가 연일 울려대는 통에 깜짝 놀라곤 한다.

그러는 중에도 트롯맨들의 흥겨운 노래만으로도 모자라 태권도, 마술, 풍자, 해학까지 총동원한 노력은 세계적인 이 재앙을 물리치고 우리네 인생살이의 한을 풀어주고 있다.

2020. 5. 3.

앞만 보고 걸었다네

서울도 복판인 광화문통 언저리에서 사대문四大門 밖을 모르고 자란 서울내기인 나는 아흔 고개 넘으며 서울을 벗어나 김포 넓은 평야로 이사 왔다.

이 년 전 이사하는 데 가로걸린다고 하루 종일 큰딸네 있다가 어둠이 깔린 저녁에 넷째 딸네가 이사한 이곳에 실려 왔다.

눈에 확 들어오는 검은 소파며 탁자 등 젊은 감각의 인테리어가 낯설게 다가왔다. 남편과 사업차 외국에 십여 년 살며 장만한 우리 취향에 맞는 가구들을 가지고 왔다. 이승 떠날 때까지 보고 살리라 싣고 온 것은 그가 떠나간 뒤엔 허무한 지난 세월 속으로 추억과 함께 내 주위에서 멀어져 갔다.

낯선 곳에 앉아 있는 어색함을 다독거려야 하는 허전한 마음이 들었다. 낯선 곳에 앉아 있는 허전함을 두려워하고 꺼리는 순간부터 늙는가 보다. 우리가 지구라는 별에 잠시 다니러 온 여행자이니 익숙해지도록 마음을 다스려 가야 하는데.

경기도 서북부에 있는 김포는 1998년 김포시로 승격하였으며 삼면이 한강 하구부인 강화만으로 둘러싸여 김포 반도를 이루고 있다. 강물인 한강, 임진강과 서해 바닷물이 만나는 기수역汽水域이며 여러 생명이 자연 속에서 공존할 수 있는 최적의 환경지역이다. 새벽에는 안개가 촉촉하지만 낮에 태양이 따끈하게 달구어 안개를 밀어내니 우수한 품질의 쌀(경기미)이 생산되는 우리나라 대표적인 황금빛 곡창 지대이다.

강화도와 마주 보고 있는 갑곶진, 김포 끝자락엔 울창한 송림이 숲을 이루고 있는 문수산文殊山이 있으며 해발 고도 376m, 사적 139호이다. 『삼국지위서동이전』 등 옛 문헌을 보면 서해를 지키는 문수산성은 우리나라의 관문이며, 성곽으로 둘러싸여 있다. 정상에 오르면 안개 낀 임진강과 북쪽 개성 송악산이 보인다고 한다.

국내 최초의 해양 관광유람선인 경인 아라뱃길을 운영하는 현대 크로스호가 김포만을 돌며 수려한 산세의 풍광을 보여주고 있다.

우리 집은 한강을 바라보는 모담산 길 건너 새로 입주하는 최신식 아파트이며 집 안 곳곳에 배치되어 있는 인공지능(AI) 장치가 아흔 고개 넘은 늙은이를 주눅 들게 했다. 지난해 외국에 사는 손자들이 할미 보러 와서 모담산 기슭, 한옥마을에 있는 '김포 아트 빌리지 센터'에 산책 나가 즐거운 하루를 보냈다.

고풍스런 생나무향이 물씬한 한옥이 16채가 있는 마당에 서니 어릴 때 뛰어 놀던 광화문통 옛집에 살던 나의 모습이 주마등같이 떠올라 마음이 포근해졌다.

한옥마을은 동서양의 문화 예술체험 공간으로 김포문화원金浦文化院을 위시하여 다섯 개의 창작 스튜디오, 야외 공연장, 전통 놀이 마당에서 사계절 즐거운 잔치가 열리고 있었다. 임금님 옥좌에도 앉아보고 풍물놀이로 하루를 보냈고 한국의 전통 맛인 궁중한식으로 식사했다.

그리고 옛날 사또가 죄 지은 백성에게 형벌로 매질하는 나무판에 손자가 눕고 어른이 곤장을 내리치니 "아야!" 소리 지르며 울상을 했다.

어릴 때 골목에서 땅따먹기, 공기놀이, 실뜨기 등 친구들과 놀았고 명절이면 가족이 둘러앉아 윷놀이를 했다. 남정네들은 뜰에 나가 연날리기하며 바람이 바뀌는 방향을 알았고 딱지를 치면 잃은 것을 인정하는 마음을, 사람답게 살아가는 지혜를 얻었다. 어른 아이 할 것 없이 즐거운 가족화합의 장이 사라져 가는 듯하여 아쉬웠는데 바로 옆에 있으니 마음이 즐거워진다.

한강변 산책로에는 '김포에코센터'와 '김포한강조류생태공원'이 있다. 전망마루에서는 북녘 땅도 임진강도 볼 수 있다. 광활한 조류생태공원 인공 습지에는 갈대가 무성히 군락지어 바람결 따라 출렁거리며 춤추고 있었고, 인간과 동식물이 공존할 수 있는 넓은 습지에는 철따라 날아드는 철새 낙원이 펼쳐져 있다.

강변 따라 산책로에는 수십 종의 패랭이꽃이 저마다 자태를 뽐내고 피어 있어 반가운 마음은 발길을 가볍게 했다.

빼놓을 수 없는 유적지는 김포시 문화재지정 사적 제202호 유네스코 세계문화유산 조선 왕릉으로 오른 장릉章陵이 있다. 조선후기 제16대 왕 인조仁祖의 부모인 원종元宗(1580~1619)과 인헌왕후仁獻王后(1578~1626)를 모신 왕릉과 왕비릉이다. 나란히 쌍릉으로 모셔 있고 양쪽에 각각 혼유석魂游石을 한 좌씩 두었다. 인조는 양주에 있던 왕릉을 김포로 옮겼으며 아버지를 종묘宗廟의 혼전에 뫼시지 못함을 안타깝게 여겨 이곳에 부모의 영혼을 의지할 나무를 심어 효심孝心 담긴 수령이 350년이나 된다.

왕조王祖의 굴곡진 삶을 산 역사를 돌아보며 나의 바람 잘 날 없던 지난 구십 년 세월을 돌아보았다.

언제부터인지 어스름 새벽이 열리고 눈이 뜨이면 삭신이 쑤시어 일어날 수가 없다. 몸은 늙어가는데 마음은 젊다 생각하는지 잠시 눈만 껌뻑거리며 "아~! 살고 있구나. 내가 밤새 잘 잤구나." 안도의 한숨이 나온다.

나라 잃은 일제 강점기, 일본이 물러나고 해방되었지만 강대국은 38선 금을 그어, 백의민족은 이산가족이 생기고, 대한민국 정부수립大韓民國 政府修立도 잠시, 남침으로 6·25 동족전쟁이 일어났다. 오랜 세월 어머니의 품 같은 포근한 보금자리를 잃고 뿌리 잘린 나무같이 남쪽으로 가야 했다.

인간은 성장기, 퇴행기를 순회하며 성장한다고 했던가.

요즘 "자네가 꽃을 피우고 있으면 열매를 맺는 것은 주변 사람들 몫이라네." 하신 지극히 나를 아껴주시던 어른 말씀을 새기며 꽃동산인 단지 내 산책로를 하늘의 구름에 실려 가며 걷는다.

2020. 5. 15.

오빠 생각

유튜브에서 어릴 때 즐겨 부르던 옛 동요 「오빠 생각」을 들으니 나에게 한 분 계시던 오라버니 생각이 나 울컥 어릴 때가 떠오른다.

뜸북뜸북 뜸북새 / 논에서 울고
뻐꾹뻐꾹 뻐꾹새 / 숲에서 울고
우리 오빠 말 타고 / 서울 가시며
비단 구두 사가지고 / 오신다더니

— 최순애(1914~1981)

최순애는 1925년 11월 「오빠 생각」으로 방정환이 내던 잡지 『어린이』 동시란의 입상자이며 당시 열두 살 소녀였다. 오빠 한 분, 딸 다섯이니 그 오빠는 귀한 존재였다. 과수원집 딸인 그는 과수원 밭둑에서 오빠를 그리며 기다렸다.

그다음 해 4월 14세 마산 소년 이원수 역시 「고향의 봄」으로 이 코너의 주인공이 되었다. 마산 소년 이원수와 수원 소녀 최순애는 얼굴도 모르면서 펜팔 친구로 결혼 약속을 하는 사이로까지 발전한다. 펜팔한 지 7년 만에 수원역에서 만나기로 했는데 이원수는 오지 않았다. 최순애의 집에서 그런 사위를 못마땅했다. 다른 혼처를 주선했으나 완강히 거부한 최순애는, 이원수가 주선한 독서회를 통해 불온활동을 했다는 이유로 일본 경찰에 구속되어 감옥에 있었던 것을 일 년 후에 알게 된다.

1936년 6월 두 사람은 결혼하고 3남 3녀를 두어 이 행복한 순애보가 당시 화제가 되었다.

나는 오빠에 이어 1929년 우리 집안 첫딸로 태어났지만 그해 집안 대소가大小家에서 네 번째 여자아이여서 환영받지 못하였다. 세 살 때는 당시 유행했던 돌림병을 앓아 병원에서 이 밤을 무사히 넘겨야 살아남는다는 선고를 받고 기적적으로 다시 살아났다. 허약했던 나는 부모님의 지극한 보살핌으로 회복해 집안의 귀여움을 독차지하였다.

어릴 때 밥상머리에서 아버지 어머니 마주 앉으시고 오빠와 내가 마주 보고 앉으면 아버지는 첫술에 내가 좋아하는 계란찜을 듬뿍 밥 위에 올려주셨고 오빠는 나를 못마땅한 듯이 흘겨보았다. 그러면 얼른 어머니는 오빠 밥술 위에도 계란찜을 올려놓으셨다. 오빠는 아버지와 같이 사랑방에서 기거하며 천자문, 구구단도 배우며 중학생이 되니 어엿이 뒷방에서 독방을 차지했다. 나는 안방 윗

목 어머니 경대 옆 작은 서랍 두개 달린 앉은뱅이책상에서 숙제를 하며 어머니 곁에서 심부름을 하였는데, 그 시대 그러려니 하고 불평은 있을 수 없었다. 여학교 들어가면서 늘 낮에 호젓한 사랑방에서 책을 정리하며 넓은 세계에 꿈의 나래를 펴며 답답한 현실을 벗어나려 하였다.

오빠는 일제 강점기 전쟁 막바지인 1940년 초반에 중학교를 졸업하더니 금융조합에 취직하며 경기도 화성지점으로 발령이 나 집을 떠났다. 이듬해 스물한 살인 오빠는 화성초교 교사인 스무 살 처녀를 만나 지금의 서울시의회 건물인 당시 부민관府民館에서 결혼식을 올리고 길 건너 아서원雅叙園에서 피로연을 치렀다. 1945년 일본 항복으로 민족 해방이 되니 오빠는 다시 대학에 들어가 학업을 계속하며 두 양주는 우리 집 뒷방으로 돌아와서 살게 되었다.

6·25 동란 때 나의 결혼으로 부모님 곁을 떠났지만 늘 지척에서 가까이 살았다.

1985년 사업차 나가는 남편을 따라 미국에 있던 나는 1997년 사업을 접으며 십여 년 만에 돌아가게 되어 오빠에게 "내년 3월에 한국 돌아가요." 했더니 "보고 싶다. 빨리 와라." 했다.

이렇게 다정한 말은 처음이라 의아했었다.

그간 소소한 선물도 보내며 전화도 자주 했건만 왠지 쓸쓸한 여운이 남아 다음해 3월에 돌아가 바로 오빠를 만났다. 반갑다고 수척한 몸을 일으켜 세우며 눈물짓는 모습에 놀라 배꼽 아래를 만지니 돌덩어리같이 딱딱해서, 이렇게 아프면서도 참고 병원도 안 갔냐며 바로 수속해서 입원하도록 하였다. 그러나 이미 병은 손쓸 수 없이 깊숙하게 번져 결국 만난 지 4개월 만인 7월에 하늘나라로 떠났다. 오빠에게는 외아들이니 외로웠을 터이고 나라도 곁에 있었더라면 눈여겨 아픈 것을 초기에 발견했을 것을 하고 한동안 마음이 괴로웠다.

돌이켜 생각하니 오라버니는 일제 강점기 식민지하에 감시와 압박 속에서 어떠한 불의에도 눈을 돌리지 않았다. 꿈도 희망도 접고 올곧고 반듯하게 살아오신 부모님 성품을 이어받아 자신에게 엄격한 잣대로 외유내강外柔內剛, 근검절약勤儉節約 하며 부모님 뫼시고 집안을 다스렸다. 나약한 누이동생이 삭풍朔風에 몸이 휘말릴세라 바람벽이 되어 곁에서 감싸주었다.

어느덧 노을빛이 가득한 세월의 뒤안길에서 아흔 고개 넘으니 어려움이 닥칠 때마다 오라버니 생각이 나 러시아 시인 푸시킨(Aleksandr Sergeevich Pushkin, 1799-1837)의 시구가 떠오른다.

마음은 미래에 사는 것 / 현재는 슬픈 것 /

모든 것은 순간적인 것 / 지나가는 것이니 /

그리고 지나가는 것은 / 훗날 소중하게 되리니

2020. 6. 29.

실꾸리에 세월을 감으며

아깝다 바늘이시어 / 어여쁘다 바늘이시여

너는 미묘한 품질과 / 특별한 재치를 가졌으니

물 중의 명물이여 / 철 중의 쟁쟁이라

민첩하고 날래기는 / 백대의 협객이요 굳세고 곧기는

만고의 충절이라 / 추호 같은 부리는 말하는 듯하고

두렷한 귀는 / 소리를 듣는 듯한지라

조선 순조順祖 때, 유씨 부인兪氏夫人이 지은 바늘을 인화한 제문祭文 형식의 수필이다. 문벌가에 출가했으나 남편을 여의고, 바느질에 재미를 붙여 나날을 보내던 중 쓰던 바늘이 부러지자 슬픈 심정을 누를 길 없어 어느 날,

"오호 통재嗚呼 痛哉라, 너를 얻어 손 가운데 지닌 지 우금 이십 년 눈물을 잠깐 거두고 슬픈 심신心神을 겨우 진정하여 나의 회포懷抱 총총히 적어 영결永訣하노라." 했다.

타임머신으로 손바느질이 2만 년 전으로 거슬러 올라가는 것에 비하면 400년 헤아리는 재봉틀의 등장과 소멸은 인류 역사에 스쳐 가는 일시 바람인지 모른다.

21세기의 4차 산업혁명, 눈부신 디지털시대 섬유산업의 기계화는 우리네 생활양식을 180도 바꿔놓았다.

1930년대 초등학교도 들어가기 전이다. 집안 내 남동생이 바느질하는 아주머니 옆에서 놀다 자지러지게 울어대서 병원에 실려가 어린 몸 안에 돌아다니던 바늘을 빼내었다. 의사 선생님이 "사람의 몸 리듬에 바늘이 빨려 들어가 몸속을 돌아다니니 조심하라" 하셨단다. 그 후 늘 어머님 바느질하시는 반짇고리를 소꿉장난거리로 만지작거리고 있던 어린 나에게 바늘쌈, 바늘꽂이의 크고 작은 바늘 수를 헤아려 점검하도록 하셨다.

반짇고리 한 켠의 함부로 넘나들 수 없는 칸막이, 작은 터에 꽃 한 송이가 피어 있는 예쁜 골무들, 실패에 세월을 한 바퀴 감은 무지개 색실, 이불 꿰매는 굵은 타래실, 한 치의 어긋남 없이 재단하며 자리에 누워 있는 나무 자, 조각보 펼치면 유일하게 고명딸의 옷감에서 밀려난 색색 헝겊 쪼가리들이 나의 유일한 놀이 공원이었다.

아직도 꽃샘바람에 몸이 움츠러드는 초봄 어머님은 겨우내 가족의 솜을 넣은 옷들을 빨아 다듬이질을 하셨다. 더러는 홍두깨로 반듯하게 만져 차곡차곡 바느질하여 장롱에 넣어 두셨다.

옷깃을 여미는 가을이 오면 더운 여름 땀에 전 모시 삼베 옷들 정리하시는 옆에서 바늘에 실 가듯이 따라다니며 도와드렸다.

어느 날 어머님은 바늘에 실을 꿰어라 하셨다. 숙제를 하고 있던 나는 반복되는 말씀에 길게 꿰어 드렸더니

"아니, 이렇게 기냐~ 멀리 신의주까지 갈 것이냐."

하셨다. 나는 속내를 들킨 듯 움찔하였다.

지금이야 지구 몇 바퀴 여행 다니는 시대지만 신의주新義州는 우리나라 남쪽 끝 부산에서 북쪽 끝을 이은 경부선京釜線의 북 끝자락이며 교통이 불편한 당시는 멀고 먼 곳이었다. 옛 어른들 전해 오는 말에 실을 길게 매듭하면 멀리 시집간다는 전설이 있었다. 말씀이 씨가 되었는지 부모님 생전 지척에서 살았건만 임종 때 외국에 나가 있어 마지막 가시는 길에 뵙지 못하고 가슴속의 한恨으로 남았다.

1950년 휴일을 이용한 6·25 기습 공격으로 우리 가족은 남으로 부산까지 밀려갔다.

재봉틀, 대나무로 짠 고리짝에 이고 지고 온 살림 보따리는 딸의 혼숫감이 태반이었고 낙동강까지 밀려온 전선은 부모님을 애타게 하였다. 밀어 붙이는 시댁의 공세에 꿈도 희망도 저버리고 나도 밀

려갔다. 어머님은 국제시장에 가셔서 그 어렵게 장만한 비단 옷감들을 팔아서 결혼 준비를 하셨다. 나는 알고 있었다. 온 집안 내의 바느질거리가 어머니 야무진 바늘 끝에서 이루어졌다는 것을, 그리하여 종로 보신각鐘路 普信閣 옆 보신상회에서 한 감 한 감 장만하신 것이라는 것을….

잊을 수 없는 것은 어머님 여고시절 수놓으신 수저집 뒤에 아버님이 먹을 갈아 쓰신 이순신 장군李舜臣 將軍 명시名詩이다.

'盟山草木知 誓海魚龍動'

(산에 맹세하니 초목이 알고 바다에 알리니 어용이 동한다)

어머님은 그 붓글씨 위에 밤을 도와 수놓아 수저집을 만들어 주셨다. 필목에는 '시모님' '시누님' 정성스레 한지로 띠를 둘러 붓글씨로 예의를 표해 '근봉勤封'이라 써 보자기에 싸주셨다. 광목필목으로 어른들께도, 신부인 나도 버선을 한 죽(열 켤레)씩 싣고 갔으니 반세기 전까지 우리의 전통 결혼 풍습이었다.

격동하는 역사의 수레바퀴 속에서 한 땀 한 땀 섬세纖細하고 꼼꼼히 박음질, 땀질, 홈질, 휘갑치기 하시며 야삼경夜三更에도 바늘을 놓지 않으시던 어머님 모습이 어른거린다. 답답하고 아픈 시간의 늪에서 실타래에 세월을 감으며 삶의 고귀를 털어버리고 영감을 얻고자 몰입의 경지에 들어간다.

2021. 4. 25.

문방사우 文房四友

일곱 살짜리 여자아이가 아홉 살 오빠에게 문방사우가 뭐냐고 물었습니다. 그러자 오빠가 문방사우가 아니라 문방구를 잘못 본 거 아니냐고 되물었습니다. 그러자 여동생이 이번에는 엄마에게 물었습니다. 그러자 문방사우가 문방구에 가면 살 수 있는 것이라고 얼버무렸습니다. 엄마와 두 아이는 기어이 아빠에게 전화를 걸어 문방사우가 뭐냐고 물었습니다. 그러자 아빠가 간단명료하게 대답했습니다.

"인터넷으로 찾아봐!"

어처구니없는 이 신문기사를 보았다.

문방사우는 글을 공부하고 글을 짓는 사람에게 꼭 필요한 필수적인 도구인 지필묵연紙筆墨硯, 즉 종이, 붓, 먹, 벼루를 일컫는 말이다.

21세기가 되는 오늘날 현대인에게 과거의 문방사우는 낡고 고루한 도구가 아닐 수 없다.

아날로그 시대를 거쳐 눈부신 4차 산업화 시대를 달리고 있는 디지털 시대 현대인의 문방사우는 키보드와 마우스, 모니터와 스마트폰이란다.

1940년대 일제 강점기 독일 베를린 올림픽에서 마라톤으로 우승한 손기정孫基禎 선수 가슴의 일장기 말살 사건으로 아버지가 다니시던 동아일보東亞日報가 정간되었다.

그 후 호젓하던 우리 집 사랑방에는 시도 때도 없이 당대의 기라성 같은 문필가와 예술가가 자주 오셨다. 그분들이 오시면 온 집 안이 잔칫집같이 웅성거렸다. 어머님은 부엌 찬방에서 주안상 차려 내시고 신난 어린 나는 꽃단장하고 아버님 곁에 앉아 있었다. 아버님이 아끼시던 벼루에 물을 부어 은은한 묵향이 퍼지면 흰 화선지에 한 분 한 분 자신의 온 정신을 붓 끝에 집중하여 일필운공一筆運功 하시는 모습을 숨을 죽이고 바라보고 있었다.

일제 치하에서 초등학교는 일주일에 하루, 이틀 서도書道 시간이 있어 벼루, 붓 챙겨서 붓글씨를 배웠다. 여학교 가서는 일 년에 한 번씩 이조 마지막 왕자이신 이은李垠 전하와 부인 이방자李方子 여사님이 다녀가셔 우리는 학예회에 작품을 배접하여 전시하였다.

세월은 흘러 결혼하며 모시고 있던 여든아홉이신 시모님이 돌아가시었다. 허전한 마음 달랠 길 없어 어릴 때부터 차분하게 마음 다지는 붓글씨가 적성에 맞는다 생각되어 1978년 김천주金天柱 님이 주도하는 주부클럽연합회 서예실에 다니게 되었다. 다음 해에 주부클럽 주최 경복궁 경회루에서 신사임당申師任堂 행사가 열리어 한글 서예 휘호대회에서 3등의 영광을 누렸다. 그때 참석하신 한글궁체 권위자이신 꽃뜰 이미경李美卿 선생님과의 인연이 시작되었다. 스승님은 지천명知天命인 늦깎이 나에게 "박 여사는 필력筆力이 좋으니 열심히 하라." 격려해 주셨고 그 말씀에 힘입어, 홍은동에 있던 서실에 열심히 다녔다.

  흰 나래 마주보면 / 내 마음은 명경지수
  벅지는 여운이야 / 아침 메아리
  화선지 하얀 비단에 / 마음을 수놓아라
  붓방아로 다듬은 / 끝 중봉을 향하고
  숨소리도 마다하여 / 멈추는 순간
  붓 잡아 검은 선율은 / 천의무봉일레라.

  여명에 먹 갈아 / 삼경에 붓 놓을제
  사우와 더불어 / 삼매경에 이르렀네
  그 속에 내가 있으니 / 문방오우文房五友일레라.

옛 선인의 이 글이 그때 나의 모습을 기리는 것 같아 여러 장 써

친지들께 나누어 드렸다. 오 남매 중 막내가 중학교 들어가자 새벽을 열며 붓을 들고 잠시 무아지경에 빠져 연습하면서도 애들 도시락 싸는 주부의 생활이 계속되었다.

몸이 무겁게 힘들어도 이제 인생이막人生二幕를 여는 뿌듯한 치기 어린 자신감으로 견디어 가며 아직 젊은 마음이 되받쳐 주었다고 생각하였다. 스승님은 반복 연습하려면 고등학교 특활시간 지도해 보겠냐 하셔서 감사히 받아 배우며 학생들을 가르치며 연마해 나갔다.

5년이 지나 남편의 사업상 외국에 가게 되니 따라가며 문방사우를 짊어지고 떠나야 했다.

그런데 미국 뉴욕에 가니 미주 한인 서화 협회가 있어 그곳에서 전 경북 서화협회 회장 정암 이정식亭巖 李亭植 선생님을 만났다. 선생님께 한문 5체 전·예·해·행·초(篆·隷·楷·行·草) 서書를 배워나갔다. 해외에 나오니 국제적인 행사에 참가하는 폭넓은 교류에 즐거운 시간을 보낼 수 있어 감사했다.

앞서 신문에 명시되었듯이 아무리 시대가 변한들 어릴 때부터의 인성교육에 빠질 수 없는 서예시간이 밀려나 삭막한 현실사회에서 인격형성에 차질이 생길까 봐 걱정된다.

은은한 묵향을 음미하면서 자신의 체력과 정신을 붓 끝에 집중하는 끈기와 인내심은 인격형성과 인성교육에 도움이 된다.

아흔 고개 넘어 돌아보니 어릴 때 나라 빼앗기고 온몸의 자유를 빼앗기고 지천명知天命의 젊은 혈기를 붓끝으로 분출하신 선대들의 지킴이 있어 누리는 평화가 소중하게 마음을 울린다.

어둠을 걷어내고 봄의 끝자락이 아쉬워 머뭇거리며 봄비는 부슬부슬 내려 마음마저 적시니 그때 그분들이 새삼 그립다.

2021. 5. 15.

여든에 시작한 글쓰기

　여든 고개 이르러 울적한 마음이 가득했던 때가 떠오른다. 하지만 하늘은 구름 한 점 없고 산들바람이 몰고 온 공기도 청명한 가을 날이었다.
　둘째 딸과 현대백화점에서 점심 약속을 하고 집을 나섰다.
　그간 나는 미국에서 십여 년, 딸은 일본에서 오 년 동안의 생활을 마치고 돌아온 터라 하늘을 찌르는 고층의 테헤란로와 눈부시게 발전한 강남의 모습에 놀랐다.
　이런저런 이야기를 나누다가 딸이 뜻밖의 말을 했다.
　"늘 문학공부하고 싶다 하셨지요. 집에서 가까운 백화점에서 고명하신 문학평론가 임헌영 교수님이 강의하신다니 오늘 나오신 길에 등록하실래요?"
　나는 선뜻 "그럴까?" 하며 일사천리로 등록하였다.

　첫 수업시간에 먼저 와 앉아 있던 머리 희끗한 나를 보시고 눈인사 하시던 임 교수님의 미소 띤 눈길이 지금도 생생하다.

일제 강점기, 나라 잃고 이름 잃고 학교에서는 일본 역사를 배우며 집에 와서는 제 나라 말을 하는 이중생활은 어린 마음에도 점점 정체성正體性을 잃어가게 했다. 하지만 울분鬱憤을 어디에다 내놓고 토로하지 못하고 속으로만 삭이며 견디어야 했다.

　일정日政이 물러나고 8.15 해방이 되니 일본어와 역사는 정확하게 머릿속에 채워 있었다. 허나 제 나라 역사는 다시 처음부터 배워 나가야 했다.

　모처럼 자유로운 대학생활 와중에 동족상잔의 6·25 전쟁은 안정되어 가던 내 삶의 이정표를 180도 바꿔놓고 말았다. 그 후 부산에서의 피난 생활 중 결혼을 밀어붙이는 그의 출현은 내 인생의 전환점이 되었고 부지런히 쥐어 주던 다정한 편지는 불안과 혼란을 겪고 있던 내게 큰 힘이 되어 주었다.

그는 시모님 뫼시고 오 남매 키우며 경황없이 바빴던 결혼생활 중에도 원고지, 공책, 연필을 한 다스씩을 들고 와서는 내밀며 격려해 주었다.

"글이나 쓰시지!"

시모님은 무남독녀로 곱게 자라시고 황해도 해주 시골마을에서 향학의 꿈을 가지셨지만 혼자 독학으로 한글을 익히신 분이라 신혼 초 시모님 앞에서 신문 펼치고 볼 용기가 없었다. 하는 수 없이 안방에 오시라 해서

"어머님, 글쎄 어느 부부가 싸우고~."

기사를 읽어드리며 같이 웃던 기억이 난다. 그분을 뫼시고 조석을 차려 드리니 "따뜻한 밥에 소찬이라도 정성 들여 해주니 내가 오래 사나 보다." 하며 고마워하시고 여든아홉 소천하실 때까지 내 곁에 계셨다.

"사람은 여자로 태어나는 것이 아니라 여자로 만들어진다."

시몬느 드 보봐르는 당대 제일가는 실존주의 사상가이자 소설가인 사르트르와 2년간 계약결혼 하고 41세에 『제2의 성性』을 출간하였다.

여성의 평등한 권리가 법적으로 인정받지 않던 때의 세계 페미니즘 운동의 새 출발이었고 너무도 감명 깊게 읽은 기억이 난다.

"가물가물했던 불씨마저 이제 나는 재만 남았지만 박 여사야 재 속에 불씨가 남아 있겠지요. 지금이라도 그 불씨 활활 타도록 태울 수 없을까? 이제 글을 쓰세요!"

외국에서 돌아와 그를 하늘나라로 보내고 허전한 마음을 스승이신 한글 서예가 꽃뜰 이미경李美卿 선생님이 격려해 주셨다. 문화센터에 등록했다 말씀드렸더니 "이제 자신의 길에 들어섰어요. 잘 하셨어요." 하며 용기를 주셨다.

시작에는 늦음이 없다. 늦었다고 할 때가 제일 빠른 때라는 말이 있지 않은가.

책 속에서 길을 찾으며 교실에 모여든 젊은 벗들의 불꽃 튀는 열정 속에서 나도 사그라졌던 향학심을 누에가 실을 뽑아내듯 다시 일깨우며 사유思惟의 시간으로 채워간다.

책상에 앉아 종이를 펴면 지난 세월이 주마등같이 달려와 그리움이 솟구쳐 마음을 풀어 몰입한다.

2021. 6. 16.

초지일관初志一貫

 어느 봄날 친정아버님이 오셔 손에 들고 계시던 봉투를 내미셨다.
 반절지엔 초지일관初志一貫이라 써 있었다. 당시 민주당대통령 후보 해공 신익희海公 申翼熙(1894~1956) 선생 회호였다. 아버님의 호인 금계錦溪 동지 증정이라 써 있었다. 일제하 상해임시정부 요인이시며 광복 후 고국에 돌아와 대한민국 초대 국회의장, 민주당 최고의원을 지내신 분이고 아버님과 친하셨다.

 1960년 4월 학생봉기가 민중혁명이 되어 들썩들썩했을 때였다.
 나에게 삶의 지침이며 좋아하는 사자성어四字成語이고 아들 이름에도 뜻 志가 좋아 넣었음을 아시는지 받아서 딸에게 주신 것이다.
 감사한 마음에 표구까지 해서 안방에 걸어놓았는데 얼마 있다가 당시 민주당 당사에 걸어놓으신다고 걷어 가져가셨다.

 산천초목이 벌벌 떨 정도라는 이승만 대통령의 독재는 극에 달

했다. 그에 맞서 민주당 대통령 신익희 후보는 유명한 한강 모래사장에서의 강연에서 성난 민심을 다독거려 승승장구하였다. 그러나 유세 후 돌아오는 호남 열차 속에서 원인 모를 뇌출혈로 희생되어 역사의 뒤안길에 묻혀버렸다.

   사위가 한강 강연 현장을 카메라와 녹음기를 짊어지고 다니며 기록한 육성 테이프와 기록사진도 역사적인 기록물이라고 민주당에 보관한다고 걷어 가셨다.

   아버님은 일본 와세다 대학(早踏田大學) 재학 중 2.8 동경유학생 독립운동에 앞장서시고 이후 3.1운동으로 옥고를 치르셨다. 유학을 마치고 돌아오셔 민족지 동아일보東亞日報에 근무하셨고 일장기 말살 사건으로 정간停刊되는 고초를 겪으셨다. 늘 정치적 중용中庸을 목표로 한민족의 통합을 주장하셨다. 중국 상해 임시정부와 미국 해외파의 난립 속에서 존경하는 백범 김구白凡 金九 선생님, 신익희 선생님을 잃으시고 절망의 시간을 보내셨다.

   숨 막히는 일제하를 견디어 내시고 1945년 8.15 민족 해방을 맞았다.

   미군정美軍政 들어서 아버지는 충청북도 도지사道知事 발령을 받았지만 "일본사람 말도 듣지 않고 36년 견디었는데…" 하고 거절하셨다.

이후 대한민국 수립 후 몸담아 살고 있는 서울 종로구鐘路區에서 출마하셔야 한다는 어머님 말씀을 듣지 않으셨다.

"고향 진천鎭川에서 깃발 날리겠다." 하시며, 그토록 그립던 고향은 연거푸 3번이나 패배의 고배를 마시게 했다. 선대는 일제하 유학까지 다녀온 아들이 도지사 되는 것이 가문의 영광이라 하셨다는데… 세 번째 고배를 마시고 겨우 얻은 국회에 입성하였으나 6개월 만에 서릿발 같은 군사 정권이 들어서면서 아버님은 정계에서 물러날 수밖에 없었다.

당시 문맹률이 80% 되던 무지한 농촌을 안타까워하시고 나에게 고향에 향학의 꿈을 가진 인재를 키우는 장학회를 설립해야겠다 하셨던 그 꿈도 산산조각으로 함께 무너져 버렸다.

그 후 광화문통 동아일보에 들러 소일하시는 아버님을 만나러 길 건너 귀거래歸去來 다방에서 만나 종로통에 내려가면 좋아하시는 일식 우동집 미진味珍, 청진동 설렁탕 집을 뫼시고 다니며 무료한 시간을 벗하여 드렸다.

서울대 명예교수 신용하愼鏞廈 님은 1986년 한국 독립운동사 연구소 소장을 맡아 한일 투쟁에 대한 『독립 운동사』를 출간해 이렇게 말했다.

"민족과 나라가 어려울 때 언론이 중요한 역할을 했습니다. 특히 동아일보는 일제 강점기에 민족의식 고취에 결정적 역할을 했습니다."라고 했다.

    지천명을 넘어 내 나라 찾아 겨우 자유로운 꿈을 펼치는 순간 닥친 군사정권으로 아버님은 감당할 수없는 충격을 받으시고 시간에 가속도가 붙은 것인가? 파킨슨병으로 3개월 의식 불명으로 말씀 한 마디 못하시고 멍하니 허공만 바라보며 고난의 삶을 마감하셨다.

    어제 청명한 가을날 애들하고 그리도 그리던 고향에 편안히 누워 계시는 부모님 묘역에 무리지어 핀 코스모스의 반가운 미소를 받으며 다녀왔다.

    모처럼 찾은 백발의 딸을 반가워하시는 듯했다.

"우리 딸 왔나~~ 글 쓰느라 힘들지~~."

2021. 11. 5.

단풍 지등

　마음이 복잡하고 방황기가 일면 그 한 자락 꽃들의 미소로 대화의 길을 찾았다. 한 잎 꽃잎을 부여잡으면 구원의 쉼터가 되는 듯했다.
　움츠렸던 겨울 지나 대지에 봄소식이 오면 들판을 헤맸다. 제비꽃, 민들레, 야생화를 곱게 눌러 말려 꽃누르미 작품을 만들 예정이었다. 강렬한 태양이 접시꽃, 무궁화, 수국을 피워내고 코스모스의 향연이 이어지면 한강변 정자에 앉아 하늘거리는 꽃하고 벗하였다. 선들바람이 여름을 밀어내면 설악산에 올라 정열을 토해내며 융단같이 깔려 바람에 이리저리 헤매는 오색 단풍잎도 정성 들여 책갈피에 말렸다. 일주일 후쯤 마른 잎을 핀셋으로 집어 향초, 부채, 한지 지등에 올려 전등을 달면 부드러운 색이 피어나 글벗들에게 보낼 생각에 마음이 설랬다. 그런 마음을 짐작했는가 다음과 같이 시를 보내왔다.

　　　귀뚜라미 소리 / 소름처럼 떨이 울 때 / 칼바람 끝에 실려 핀 등불
　　　지등 심지 돋군다 미수의 박기숙 님 / 한평생 손톱 끝 닳도록 /

눌러 빚은 단풍 압화 지등 / 밝은 겨울밤 우련히 채우는 꽃등 / 진정으로 고와라 더욱 아름다워라 / 님께서 심지 돋운 세상 등불 / 모두 몇 개였을까 해마다 시드는 가을 / 불 밝혔을 천 개를 넘은…

— 오길순

늦깎이 시작한 신입인 나에게 시인이며 수필가이신 오길순 님은 따뜻한 길잡이가 되어주었다. 십 년 전쯤 상재한 수필집 『내 마음의 외양간』과, 『목동은 그후 어찌 살았을까』 3쇄 상재한 수필집을 보내주었다. 토속적인 묵은 장맛 뭉실 나는 그의 시골 풍경과 시부모님과의 정감 어린 이야기에 저절로 미소가 지어졌다.

> 시어머니가 헛간에서 솔잎을 꺼낼 때면 저축통장을 펼치듯 소중해 했다. 쏟아지는 솔가루가 어깨와 머리를 덮으면 한 올이라도 튀어 나갈까 조심조심 털어 냈다. 내가 아궁이 앞에 불을 때면 "느들은 솔잎 불 때기 좋아했지? 어여 때자."
>
> 엉겅퀴 같은 손으로 한 줌씩 솔가루를 건네주면 가슴이 먼저 텁혀졌다. 당신은 거친 콩대를 때면서도 향기로운 솔잎만 넘겨주시던 작은 여인.
>
> "넌 내가 가면 버선발로 뛰어 나오는디~~ 솔잎만으로 보상이 아쉽다는 듯 말씀이다.
>
> "고부간은 멀리 있음 그림 동무, 만나면 쌍 동무라는디~~~ 느

그들은 맨날 그림동무다." 아궁이 앞에서 들려주던 말씀은 그리움의 여물처럼 새록새록 하기만 하다. (「내 마음의 외양간」에서)

　시아버지의 태 자리가 묻힌 곳. 그곳에서 시부모님은 숨을 거두고 싶어 했다. 팔순이 넘도록 고향을 떠나본 적 없는 편안한 삶을 끝까지 간직하고 싶었던가.
　여든여섯 춘추로 떠나신 시아버님이 우리들 곁에 오신 건 10여 년 전 시어머님이 가신 후였다. 지극했던 혼백이 머문 탓일까, 시아버님은 정신이 몽롱하면서도
　'느그 어무이가 지둘리고 있을껴.' 틈날 때 마다 빈 고향집을 가고파 하셨다. 지금도 타인에게 넘기지 못하고 비워 둔 건 혼백처럼 뿌리내린 그 그리움인 듯했다. (「백년초 피는 뒤안」에서)

　작가는 선대, 시아버님의 귀소본능歸巢本能을 잃어버린 존재에 대한 그리움으로 묘사했다. 재래식 풍습, 시모님과의 정감 어린 추억이 있는 부뚜막과 농촌 살이의 끈끈한 회상이 녹아 있어 절절한 감동을 준다.

　80년 전 그리운 수채화 같은 아련한 그림이 나의 가슴속에도 숨어 있다.
　방학이면 서울에 공부하러 온 큰댁 조카 따라 다섯 살 아래 남동

생하고 충청북도 진천 큰댁에 따라갔다. 큰댁 선대는 다 떠나시고 사촌오라버니 양주와 아들 둘·팔 공주, 십 남매의 대가족이 있었고 위에 아들 둘은 장성해 일제치하의 국내 답답한 현실을 벗어나 만주에 나가 있었다. 위 딸 넷은 출가하고 다섯째 딸이 나와 동갑이며 우리와 같이 귀향했다.

방학이면 읍내에서 능다리 개울을 건너 한참 걷다 보면 두툼하게 싸리를 엮은 문이 나온다. 정겨운 초가지붕이 옹기종기 세 채가 모여 있는 반가운 큰댁이 보인다. 안채를 중심으로 바른쪽엔 헛간에 딸린 외양간이 있고 왼쪽 행랑채에 달린 손님이나 머슴들의 방들이 포근히 감싸고 있었다. 새벽이면 외양간에서 '음매', 마당을 홰치고 날아다니는 닭들의 '꼬끼오' 합창에 집 안이 들썩들썩해 아침잠을 깨웠다. 안주인인 사촌 올케언니는 서울 손님 왔다고 농촌의 바쁜 와중에 마당에 풀어놓은 닭도 잡았다. 그때 널찍한 시골 부엌의 황토 흙 내음 나는 부뚜막에 앉아 보고 솔잎 솔가루 뒤집어쓰고 아궁이의 불도 바라보았다. 큰 솥에 밥이 되어가는 내음과 솥 속에 묻혀 있는 계란찜, 감자, 고추 깻잎 장아찌의 구수한 내음이 코끝을 스치면 저절로 입에 침이 고였다. 대식구의 웅성거림이 재미나 서울내기인 우리는 조잘거리던 즐거운 추억이 있다.

해마다 가을이면 추운 겨울에 대비하여 온 집 안의 장지문은 눈이 시리도록 하얀 풀 먹인 탱탱한 창호지로 갈아 입혔다. 안방에 앉아 어린 딸이 주워 온 단풍잎을 말려 수놓으신, 석양빛에 부서지며 반짝이는 흰 창호지 문을 물끄러미 바라보고 계시던 어머님의 애잔한 모습이 지금도 아련히 떠오른다.

  세월은 그리움을 싣고 내 의지와 상관없이 바람에 실려 온 구순의 향기에 소스라쳐 놀라 서산대사 큰스님 말씀을 되새긴다.

  "산다는 것은 한 조각 구름이요, 죽음이란 한 조각구름이 사라지는 것."

  어쩌면 한지에 마른 꽃잎 한 장 고이 눌러 빚어놓듯, 그렇게 떠나가는 것이 인생이 아닌가!

2021. 11. 5.

살아 있다, 이것만으로 충분하다

　작년 초부터 세계를 휩쓴 코로나19는 지구상의 모든 인종과 빈부귀천貧富貴賤을 가리지 않고 모든 사람이 그 병균 앞에서 평등하게 무릎 꿇게 하였다.
　2020년 중국 우한발 코로나19로 인해, 나라마다 빗장이 걸리고 공항은 폐쇄되었다. 자고 나면 너나없이 얼굴에는 마스크가 씌워지고, 사회적 거리두기, 비대면, 집콕으로 이어져, 평범했던 우리네 일상생활은 여지없이 무너져 버렸다.
　계절은 어김없이 사계절을 알리고 꽃을 피워내고 순환하건만, 2년이 가까이 된 지금까지 코로나는 수그러질 기미가 없다. 연일 확진자가 쏟아져 나오는 뉴스에 평화롭던 일상은 멈춰 섰고, 마음마저 닫게 한다.

　아침에 출근한 막내딸에게서 다급한 전화가 왔다.
　"지금 회사에 확진자가 다녀가서 제가 검사 받고 집에 들어가니 점심 빨리 잡숫고 생수하고 저녁으로 드실 빵이나 떡 챙겨 방으로 들어가 계세요. 제가 가도 방에서 나오시지 마시구요. 토리는 제가 데리고 있을게요. 나오실 일 있으면 마스크, 일회용 장갑 끼시고 내일 검사 결과 나올 때까지 조심해야 한대요. 그리고 전 내일 출근 못 합니다."

 그렇지 않아도 외부 활동을 접고 아파트 단지 내 산책이나 다니는 늙은이에게 청천벽력 같은 일이 우리에게도 닥치나 하고 정신이 아찔했다. 먹을 것 챙겨 들어와 앉아 있으려니 딸이 와서 "다녀왔습니다, 걱정 마세요." 하며 제 방에 들어간다. 그 소리 듣고 방에 가만히 앉아 있으려니 답답하기 짝이 없다. 밤이 되어 조용해진 사위를 틈타 마스크 하고 방을 나서 슬그머니 딸의 방문을 열고 곤히 잠들어 있는 모습 보고야 돌아와 조금 안심이 되어 밤새 뒤척이며 잠을 청했다. 다음 날 아침 9시경 보건소에서 '음성'이라는 연락이 와서야 안도의 한숨이 나왔다. 구십 년 살고 보니 이런 일이~ 한 집에서 마주치지 말고 말도 못 하고 원수같이 딴청을 해야 하다니….

 여름의 무더위가 한창이던 어느 날 독신으로 양산의 양로원에 있는 여고 친구가 "친구야, 그간 고마웠어" 하고 절박한 목소리로 전화를 했다. 구순九旬을 넘은 우리이다 보니 언제고 이승 떠날 채비 하자고 하던 터다. 그는 여러 군데 병을 안고 있지만 늘 억지로라도 웃으며 "우리 이렇게 푸른 하늘 바라보며 이승에 살아 있으니 아픈 것쯤 참아야지." 하며 아프다는 소리를 하지 않았다. 얼떨결에 전화 끊고도 멍하니 아무 생각도 떠오르지 않았다. 그 친구는 그날 호스피스 병원에 들어갔다. 요즘 상황에 가족도 없어 견디기 힘들었을 친구를 생각하니 인생무상, 가엾고 마음이 아프다.

일제 강점기 후 아날로그 시대를 거쳐 21세기 산업혁명이라는 디지로그형(디지털과 아날로그의 융합)으로 첨단기술이 인간의 일상생활에 획기적인 편리함을 주었다. 하지만 코로나는 우리의 일상이 문명의 편의와 과소비에 얼마나 깊숙이 길들어져 있었는지를 단숨에 일깨웠고, 내가 살아가야 할 미래는 평범한 일상의 익숙한 것들에서 벗어나 물질 만능인 인간의 탐욕을 억제하고 기후 환경이나 공해 등을 소홀히 여기면 안 된다는 묵직한 경고를 주었다.

절대빈곤 시대가 지나 대한민국은 인구 5천만이 되고 국가 성장에 도움이 되는 생산성이 많은 분야에 집중해 국민소득 3만 달러를 돌파하고 세계 일곱 번째로 우뚝 섰다.

코로나 위기가 닥쳐 70억 인류는 엄청난 공포의 도가니 속에 허둥대며 속수무책束手無策인 상태로 아주 보잘것없는 미생물 하나와 싸우고 있다. 2년이 되도록 여전히 물러서지 않는 바이러스의 위협에 불길을 잡지 못하고 있지만, 지구촌과 대한민국은 신속한 방역과 의료진의 헌신적 봉사로 힘든 싸움을 이어가고 있는 중이다.

세 살 때 당시 퍼지던 돌림병을 앓다가 기적적으로 살아나 이제 구순이 지나고 보니 이번 사태도 나름 담담히 받아들였지만, 다들 맞아야 한다고 생각해서 백신을 3차까지 맞았다.

"살아 있다. 이것만으로 충분하다."는 월트 휘트먼Walt Whitman (1819~1892)의 독백을 떠올리며 이 해 한 장 남은 달력의 마지막 허전함을 달랜다.

안전 문자의 울림은 수그러지지 않는 확진자 수에 쉴 틈이 없고, 매일 전쟁터에 내보내는 마음으로, 밖에 나가 일 마치고 돌아오는 가족에게 톡을 보낸다.

"조심히 오너라."

여기, 이승인가 저승인가

2월 초 자주 만나지는 못하지만 거의 날마다 막내 남동생에게 카톡을 넣었다. 그는 은퇴한 뒤론 하루 넘기는 일 없이 바로바로 응답했다. 그런데 이틀이나 소식이 없다. 그래서 하는 수 없이 아직 장가 안 가고 같이 사는 둘째 조카에게 연락했다.

"아빠 폰이 잘못되었나 보니 살펴다오." 하는데 그에게서도 무소식이었다. 직장 일로 바쁜가 싶어 결혼해 분가해 살고 있는 큰조카에게 해도 무소식이었다. 이런 일 없는데 하고 기다리고 있었다.

사 남매 가운데 살아남은 여덟 살 아래 막내는 여든 중턱이다. 구순 넘은 누이에게 "누나, 너무 힘들게 글 쓴다고 애쓰지 말고 건강 조심하세요." 수시로 따뜻한 안부를 전해 왔었다. 그런데 기다리던 조카에게 어찌된 일인가 재차 연락하니 이승과 저승의 엄청난 소식을 전해 올 줄이야….

3년이나 연속된 코로나19 사태는 병원에서 산소 호흡기에 의지하는 환자를 고령이란 이유로 격리시켰다. 동생은 혼자 외로이 아품을 견디며 하늘나라로 떠났다. 아흔 넘은 누이가 놀란다고 조카들에게 미리 부탁을 한 바 있다.

"나 아픈 것 절대 말하지 마라."

막냇동생이 태어난 1937년은 일본 식민지하의 살벌한 분위기로 아버님이 요시찰 인물로 집을 떠나 계실 때가 많았다. 골목 건너 집 앞 서울여관에는 우리 집 드나드는 사람을 감시하는 일본형사가 상주하고 있어 어린 우리들은 그를 피하며 불안에 떨고 있었다. 어머님은 막내가 태어나니, 초등학교 들어가 정신없이 앞가림하며 등교하기 바쁜 나에게 다섯 살 아래 큰동생을 학교 다녀와 보살피라 하셨다. 막내는 어머님 품안에서 귀여움을 독차지하며 자랐다.

일본 군국주의의 야욕은 미국에 도전하다 패망을 맞았고 1945년 8.15일 우리는 36년 식민지하에서 민족 해방을 맞았다. 강대국 사이에 격동하는 역사의 소용돌이 속에서 대한민국이 탄생하고 혼탁한 이념 갈등으로 온 나라가 시끌벅적하였다.

그 와중에 휴일을 틈탄 기습 남침으로 6·25 동족상잔의 비극이 시작되었다. 새벽에 집안 내 조카가 부대에 출동 명령으로 복귀하면서 "빨리 피난 가세요." 하고 알려주었다.

아버님은 안양 친지네 가자고 재촉했는데 어머님은 이 살림을 두고 못 가겠다 하시니 남정네들만 떠나기로 하고 딸인 내가 어머님과 남을 수밖에 없었다. 그 여름을 지나고 우여곡절 다시 모인 가족은 혹독한 겨울을 맞아야 했다. 이젠 중국 인민군이 합세하여 남으로 밀려오고 있었다. 우리는 1월 4일 용산역에서 기차를 타고 서울을 떠나 부산까지 밀려갔다. 우리가 떠나고 얼마 있다 한강 다리가 끊겨 많은 사람이 희생되었다는 끔찍한 소식을 들었다. 그때 동생은 초등학생이었다.

1953년 7월에 가까스로 휴전되어 서울로 돌아왔지만 동족상잔의 아픔은 6월이면 되살아나는 계절병같이 아린 추억이 되어 떠오른다. 다행히 우리가족은 한자리에 모여 한숨 돌렸다.

동생은 원하는 대학에 입학하며 부모님을 기쁘게 해드렸다. 그런데 학기 지날 무렵 등록을 안 하고 입대하여 가족을 놀라게 하였다.

안팎으로는 숨 막히게 돌아가는 혹독한 상황 가운데 보여준 무언의 항의에 가족 누구도 왜 그랬냐고 묻지를 못했다.

부정 선거에 맞선 학생봉기 4.19와 연이은 5.16 군사혁명으로 험난한 국내 정세에 어지러운 상황이라 자식들이 더 이상 세상에 휩쓸리지 않는 것만으로도 그나마 부모님은 안도의 한숨을 쉬었다. 동생은 제대해 돌아와 자신의 정체성을 찾아 삭풍에 흔들리지 않고 참한 규수를 만나 소시민으로 살며 두 아들을 사회의 일원으로 길러 효도를 받고 있었다.

그런데 새벽이면 동네 한 바퀴 돌고 운동을 하며 겉으로 건강했던 다부진 몸도 인명은 재천이라고 젊은 날 방황하던 때 술 담배를 끊은 지 수십 년이 넘은 지금까지 소리 없이 따라왔다. 폐 섬유증으로 생명을 앗아 갈 줄이야….

어릴 때부터 짓눌려 온 기나긴 시대적 고통을 의연히 견디어내고 여든 고개 넘어 깔끔했던 성격처럼 허무하게 떠났지만 누이 가슴 속 동생은 흰 꽃 속에 활짝 웃고 있는 영정影幀 사진같이 환하게 남아 있다.

아흔 넘은 누이는 엄청난 사실에 슬픔을 이기려 푸른 하늘을 올려다보며 소리 질렀다.

"여기, 이승인가 저승인가. 누이를 혼자 두고 갈 동생이 아니잖아…!"

2020. 4. 9

뒤로 밀리더라도

2013년 길 건너 코엑스에서 상영하는 「위대한 개츠비」를 보러 서둘러 집을 나섰다. 이른 아침 부지런히 조조할인에 맞춰 분주한 인파 속을 떠밀려가며 시네마 극장 속에 빨려 들어갔다. 번역본 두 권을 여러 번 읽어 영화도 보고 싶었기 때문이다.

오래전인 1974년에 상영한 영화에서 개츠비 역은 로맨틱 가이로 여성에 어필한 미남 로버트 레드포드였는데 2013년의 개츠비 역은 레오나르도 디카프리오였다. 세월이 무상하게 「타이타닉」 때 풋풋한 소년이던 모습은 온데간데없고 중후한 중년남이 되어 있었다. 영화는 데이지와의 사랑을 성취하기 위해 세상에 흔한 뻔한 속물적인 순애보로 고독한 집념과 참을 수 없는 물질 만능의 가벼움에 집착하는 개츠비의 몸부림을 보여준다. 데이지 역은 캐리 멀리건이 잘 소화하여 지금도 눈에 선하게 예쁜 모습이 떠오른다.

누구를 비판하고 싶어질 땐 말이다, 세상 사람이 너처럼 좋은 조건을 타고난 건 아니라는 점을 명심하도록 해라.

『위대한 개츠비』(The Great Gatsby)의 첫머리는 이렇게 시작한다.

가난했던 시골뜨기 시절부터 원했던 큰 꿈을 성취하기 위해 개츠비는 끊임없이 절제하고 사랑의 꿈을 이루기 위해 노력했다.

무일푼이고 가난했지만 제1차 세계대전이 끝난 후 그는 계급장을 단 군복을 입고 헤어져 있던 데이지, 그녀를 만났다. 보이지 않는 장애물이 있었지만 일편단심 진정으로 그녀를 사랑하였다.

군에서 제대 후 뉴욕에서 알게 된 암흑가 거물인 '마이어 울프심'을 우연히 만나서 사업가로 성장할 수 있었다. 1920년부터 시행된 금주법禁酒法 덕분에 밀주업계의 거물이 되며 많은 돈을 벌어 그는 가난했기 때문에 그녀가 떠났다 생각하고 그녀의 저택이 보이는 이스트의 작은 만 반대편의 대저택을 샀다. 꼬박 3년 동안 돈을 모아 구입할 수 있었다. 그는 돈을 벌어 상류층에 진입하여 옛 애인을 쫓지만 이미 타인의 아내가 되어 목적을 이루는 데 실패하고 결국에는 목숨을 잃기까지 한다.

작가인 스콧 피츠제럴드(1890~ 1940)가 그려낸 소설 속 개츠비가 살았던 1920년대 미국은 제1차 대전을 치르고 정신적, 물질적 풍요로움 속에 대공황을 맞아 소득 1%의 가계 소득이 21%를 차지할

만큼 빈부의 차이가 극심한 때였다.

  무대가 된 미 대륙의 대서양으로 길게 뻗은 작은 섬 롱아일랜드는 동쪽(East) 서쪽(West)으로 햄톤Hampton 부자들의 대저택들이 들어서 있다.

  1980년 중반 어머니 말씀이 "너의 말년에 '역마살'이 있다" 하시더니 토종인 서울 토박이가 처음으로 58년 만에 비행기를 탔다.

  미국 뉴욕에 도착해 남동생이 있는 베이사이드에 자리를 잡고, 지난 날 민족상잔인 6·25를 겪은 혼란한 때 헤어진 여학교 동기를 40여 년 만에 만나는 기쁨을 맛보았다. 그녀는 미국 유학을 떠난 유일한 친구였다.

  친구와 대서양을 향해 길게 뻗은 롱아일랜드 해변 롱비치 해변을 드라이브하며 모래사장에 앉아 바다 건너 대서양의 지평선을 바라보고 그간의 회포를 풀었다.

  돌아오는 길에 개츠비의 무대가 되는 1920년대 미국 대공항 때 지은 대저택이며 뉴욕시에 기증해 공개된 올드 웨스트 베리 가든 Old Westbury Gardens 하우스를 관람하였다.

  입구에는 '들어오는 이에게 평화를 / 나가는 이에게 건강을'(Peace to those who enter. / Good health to those who leave)라 쓰여 있었다.

1906년 18세기 영국 찰스 2세 양식으로 지어진 하우스는 미국 철강 왕 존 핍스John Phipps가 사랑하는 영국인 아내를 위해 지은 호화 대저택이다. 연 건평 300평이나 되는 3층 건물에, 지하에 100명 노예가 살았고 지상에서 두 자녀와 단란한 가족이 50여 년 살았던 생활상이 그대로 보존되어 있었다.

영국에서 건너온 이민자인 청교도들은 원주민인 인디언을 학살하고 그들의 땅을 빼앗는 등 불미스런 일도 많이 저질렀지만 다양한 포용력으로 근면하고 실질적인 미국 문명의 기초를 만들었다.
『위대한 개츠비』는 인간이라는 존재의 참을 수 없는 가벼움과 물질 만능주의에 대한 비판적인 감성이 시대를 초월하여 지극히 통속적인 소재에도 많은 사람들의 사랑을 받고 있다. 세계적으로 20세기 고전古典이 되어 인기를 끌고 있다.

이 글을 쓰며 마지막 나오는 이 구절이 가슴앓이하고 있는 나의 마음을 다독여 준다.

> 그리하여 우리는 앞을 향해 계속 노를 젓는다. 물살에 떠밀려 끊임없이 과거로 후퇴하는 속에서도….

2022. 12. 30.

성신외교誠信外交

1965년 한일 수교가 이루어지면서, 소원했던 양국 간에 교류가 풀려 봇물 터지듯 왕래가 시작되었을 때였다. 일본 규슈九州에서 나에게 발송된 항공 우편이 검열에 걸려 곤욕을 치렀다.

당시 소식이 끊겼던 집안 내 일본인 숙모님이 보낸 것이었다. 숙모님은 아버님과 같이 일본에서 유학 중이던 숙부님을 만나 양가 부모의 격렬한 반대 속에서 친정과 절연絕緣까지 하며 사랑을 찾아 낯선 한국 땅에 오셨다.

일제하 우리 집은 서로 피해 입을까 집안 내에서 왕래 없이 서먹하게 지냈다.

1945년 8.15 해방 후 안팎으로 불안한 시국을 견디며 지내던 중이었다. 순탄하게 지내고 계시던 일본인 숙모에게도 회오리바람이 일어 견딜 수 없게 되자 10살 된 아들 勇(이사무)을 데리고 우리 집을 찾아오셨다.

예의 바른 전형적 일본여인인 숙모는 우리 가족과 같이 진득한

정을 나누며 그간 10여 년 살면서도 몰랐던 한국 문화를 배우며 생활하셨다. 그러나 마음의 평정을 잃으시고 시대적 변화를 견딜 수 없어 친정에 가겠다고 했다.

어머님은 어쩔 수 없는 마음을 알면서도 한사코 '우리 같이 참아요' 말씀하시며 달래셨다.

반년쯤 지났을까, 숙모님의 간곡한 요청으로 아버님이 알아보신 부산에 있던 재한 일본인 부인회인 부용회芙蓉會에 입소하더니 반년쯤 지나 일본으로 가셨다는 소식이 왔다.

어렵게 받은 편지에 답장 보내며 한국에 다녀가시라고 했다. 그분은 우리 가족을 꼭 만나야겠기에 소식을 전했노라 하셨다.

우리 가족은 공항에 마중 나가 환영을 하고 고궁 나들이를 하며 즐거운 시간을 보냈다.

그런데 같이 와야 할 동생은 오랜 요양 끝에 하늘나라로 떠났다 하셨다. 어린 몸이 풍랑이 험하다는 현해탄玄海灘 바다, 국경을 오가는 기나긴 역경을 이겨내지 못하고 요절한 것이다. 차마 친정에도 못 가고 규슈에 자리 잡으며 숙모는 오랜 기간 간직해 온 꼬깃꼬깃 접혀진 동생의 편지를 내 손에 쥐어주셨다.

'누나, 난 한국사람이니까 병 나아서 한국에 갈 것이다. 누나 만나러 갈 것이야…'

간곡한 꿈을 이루지 못하고 떠난 아들의 편지를 전하고 싶었고, 그때 어머님 말씀대로 참고 견디어야 했다며 자신의 행동이 경솔하여 아들을 잃었다고 통곡을 하셨다.

그 이후 나는 80 고개 넘어 시작한 문학 수업을 통해 따라가게 된 규슈 문학기행에서 임진왜란 때 건너온 조선인들의 한 맺힌 망향의 언덕에 서서 동생이 떠난 하늘을 바라보며 혼이라도 위로하고파 축원하고 돌아왔다.

1990년 5월 일본을 공식 방문한 노태우盧泰愚 전 대통령이 일본

천황 주최 만찬에서 "270년 전 조선과의 외교를 담당했던 '야마노모리 호슈(雨森 芳洲, 1618~1755)는 성의誠義와 신의信義의 교제를 신조로 삼았다." 말하여 일본인을 놀라게 하였다. 그들조차 역사적인 그의 이름을 제대로 아는 이가 없었다. 호슈는 일본의 외교관이자 유학자, 어학자였는데 조선과 일본의 동등론同等論을 주장하여 일본 근대사에서 매몰되었기 때문이다. 그의 저서 『성신외교誠信外交』는 한일 양국의 통신사에 관한 자료로서 유네스코 세계문화유산 기록에 등재되었다.

그 후 일각에서 양국의 의식 있는 젊은이들이 함께 참석하여 호슈의 정신을 이은 활발한 한일교류가 이루어지고 있다 한다.

일본에선 3~6세기경 중국과 조선에서 일본으로 건너가 앞선 풍물을 전한 이들을 도래인渡來人이라 불렀다. 이들은 일본에 도착해 선진기술과 학문을 전파하며 일본문화가 형성되는 데 일조하였다.

21세기의 양국은 혈육血肉을 나눈 이웃나라이다.

아흔 고개 넘은 마지막 구간에서 성신외교를 외치던 호슈의 동등론 정신을 이어 머지않아 선대와 동생의 한恨이 풀리는 것을 보고 갈 것이다.

2022. 1. 28.

광화문 연가

 썰렁한 냉기에 몸이 움츠러드는 느낌에 기겁을 하며 일어났다.
 간밤에 이 글을 쓴다고 구상하다 잠들었는데 꿈에 어릴 적 광화문 집에 부모님이 그때 그대로 젊은 모습으로 계셨다. 설날이 다가오니 마음속 깊이 숨어 있던 그리운 추억이 어린 시절로 돌아가는 환상과 참을 수 없는 외로움에 젖어들게 한다.

 1930년대 광화문통은 북쪽에 병풍을 두른 듯 수려한 삼각산이 보이고, 서쪽으로 나직막이 보이는 범바위를 품으며 인왕산이 누워 있었다.
 중앙에 이조 법궁인 경복궁景福宮이 자리하며 그 안에 정문인 광화문光化門이 있었다. 그러나 일제 점령하에서 왕궁을 가리고 그들이 통치하는 조선 총독부를 지어 멋대로 광화문을 동쪽으로 옮겼으며 그 후 36년 동안 한민족을 탄압하고 경제적 수탈을 일삼고 한민족문화 말살정책을 강요했다.

1945년 민족해방을 맞은 뒤 한참 후 1995년에 일제 잔해인 총독부를 허물고 2010년 동쪽에 있던 광화문을 다시 정문으로 옮겨 와 지금 자리를 지키고 있다. 옛 육조六曹 거리는 가로수로 은행나무가 왕궁 앞에 서 있었고 양 옆 대로에는 잎이 넓적한 플라타너스가 심어져 있었다. 근처에는 옹기종기 한옥이 모여 평화로운 마을이 었고, 어린 나는 골목길을 굽이굽이 돌아 지금의 종로구청 자리 수송壽松 소학교를 다녔다.

일제치하를 벗어난 1945년 8·15에는 태극기 휘날리며 민족해방을 맞아 환호하였다.

6·25 때는 북쪽에서 아리랑고개 넘어오는 탱크 소리를 들어야 했다.

UN군이 참전하여 9.28에는 광화문통에 휘날리는 태극기를 보며 감격의 눈물을 흘렸었다. 중공군이 참전한 1.4 후퇴 때는 한겨울 추위에 용산역에서 서울을 떠나 부산으로 피난 가서 결혼을 했고, 3년 후 서울이 수복되고 남북의 휴전 협정으로 다시 광화문통으로 돌아오게 되었다.

서울 수복 후 서쪽에는 정부청사, 세종문화회관(1978년)이 개관하여 한국 문화예술을 선도했고 건너편에는 주한미국경제협조처(USOM)와 미국 대사관, 쌍둥이 건물이 세워졌다.

'사람은 책을 만들고 책은 사람을 만든다.'

대산大山 신용호愼鏞虎 회장이 나라의 독서량이 그 나라의 장래를 좌우한다는 굳은 철학적 신념으로 1981년 서울의 복판 금싸라기 땅 광화문 네거리 빌딩 지하공간에 교보문고 광화문점을 개관했다. 21세기 국가 발전의 원동력은 창의력과 적응력이다. 독서 문화의 성숙 없이는 급변하는 국제 정세에 대응할 수 없기 때문이다.

1930년대 청계천변에는 아버님이 다니시던 동아일보東亞日報가 당시 단아한 5층 높이 건물로 우뚝 서 있었다. 신문사를 끼고 종로통으로 나오면 광화문 우체국이 있고 일본제과 모리나가森永 공장이 있었다. 바로 보이는 청계천으로 돌아가면 한옥인 서린여관瑞麟旅館이 자리 잡고 있었다. 지금의 청계천 광장 앞 신문사 뒷담 골목 안은 ㄱ자로 꺾이며 그 공간에 닭장이 있었고 골목 안엔 우리 집, 막다른 골목엔 신문사에 같이 다니던 영문학자 수주樹州 변영로卞榮魯님이 살고 계셨다.

우리는 닭들의 새벽 꼬꼬소리에 아침을 열어 대문 밖에 나가 넓은 닭장 앞에 쪼그리고 앉아 그들이 아래위층으로 푸닥거리며 뛰어오르며 밤새 낳은 계란을 주워 오는 것을 신기하게 바라보았다. 태어나서 처음으로 보는 생물의 신기한 동작에 우리 형제는 틈만 나면 무서워 들어가지 못하면서도 관찰하며 즐거운 시간을 보냈다.

늘 밥상 위 뚝배기 속엔 계란, 새우젓 몇 방울, 파 몇 점, 참기름 한 방울이 부글부글 구수하게 끓고 우리들 입맛을 달래주었다. 요즘은 계란이 흔해 프라이해 먹지만 그땐 넉넉해도 이웃과 나눠 먹고 계란 한 알도 아껴가며 먹어야 했다.

오빠는 학교에 입학하고 뒷방을 차지했지만, 난 어머님 곁에서 심부름하며 학교 다녀오면 그날 배운 한 소절을 어머님 들으시게 곁에서 책 두 권 너비 앉은뱅이책상에 앉아 소리 내어 세 번 읽는 숙제를 했다. 좀체 밖 출입 안 하시는 어머님과 그렇게 함께하다 보니 나도 습관이 되어 아흔 고개 넘은 지금도 주위에 아무도 없으면 소리 내어 책을 읽는다. 경로당 가서도 그간 출간한 첫 수필집을 한 소절씩 읽으며 하루를 소일한다.

신문사 광장은 우리들의 놀이터였다. 지금의 청계천 광장 밑엔 물길이 세차서 가까이 가지 못하고 어린 우리들은 큰 바위에 앉아 눈부신 햇빛에서 빨래방망이 소리 들으며 공기놀이를 하며 보냈다. 여름 한때는 갑자기 쏟아지는 여우비 맞아 옷이 다 젖어도, 바로 눈부신 햇살이 비치며 서쪽 인왕산에 오색 무지개가 아름답게 걸쳐 떠오를 때 그 영롱한 색을 바라보며 환호했다.

한평생 광화문통을 드나들던 선대와 우리 세대의 격동하는 한 세기는 지금도 깊은 기억 속에 서리서리 싸여 있는 그리운 향기를 지피며 맴돈다. 그곳을 떠나온 지금도 우리의 어린 날은 광화문통의 조용한 품격品格과 함께 추억 속에 자리하고 있다.

2022. 1. 22.

방 한 칸의 우주

하얀 눈발이 창문에 물결치듯 내려오며 부서진다.
희뿌연 하늘을 덮은 대지는 아직 잔설이 드문드문 깔려 냉기를 머금고 썰렁하다. 마음마저 움츠러드는데 참으로 오랜만에 나의 방 한 칸의 우주를 꽉 채운 고요는 지나온 아득한 세월에 사색의 나래를 펼친다.

1929년 일제하 아버님은 바쁘셨는지 태어난 지 사흘 후에 갓난 아기를 보러 오셨다.
"계집애가 이리 입이 크냐."
아기를 들여다본 아버님의 첫마디셨다. 위에 오빠가 있는데 남아선호 시대였고 어머님도 아들이 아니고 딸이라 섭섭하셨단다. 나중에 이 이야기를 들은 나는 두고두고 아버님께 어리광하며 떼를 썼다. 그러면 허허~ 웃으시며 받아주셨다.

사랑방엔 일어로 된 세계문학전집, 셰익스피어 전집 등이 눈에

띄어 우리를 미지의 넓은 세계로 이끌어 주었다. 한참 눈뜨기 시작한 예민한 나이에 학교 다녀오면 책 속에 파묻혀 지내는 것이 습관이 되었다. 기억에 남는 것은 파란 겉장이 예쁘게 장정되어 있는 일본어 이와나미岩波 문고의 윌리엄 셰익스피어William Shakespeare(1564~1616) 전집이었다. 희곡戱曲으로 이해하기 힘들지만 나름 반복하며 읽어나갔다. 『로미오와 줄리엣』 『한여름 밤의 꿈』과 4대 비극, 고뇌하는 인간의 심리를 묘사한 『리어 왕』 『햄릿』의 독백 '죽느냐 사느냐 그것이 문제로다(To be, or not to be, that is the question.)'와 『베니스의 상인』 중 '피를 한 방울이라도 흘린다면~.'은 세월이 흐른 지금도 우리들 삶의 깊숙한 자화상 속에 담겨 있는 정체성을 상상하게 하며 일깨워 주었다.

"꽃은 아침 이슬 영롱할 때 식물 마름병에 가장 잘 걸린다."
"남자가 사랑에 빠져 피가 끓어오르면 사랑의 맹세를 헤프게 혀에게 빌려준다."
"거짓의 미끼를 던져 진실이라는 잉어를 낚는다."
"우리가 이 세상에 태어날 때 우는 이유는 바보들만 있는 큰 무대에 왔기 때문이다."
등 위트와 지혜가 가득한 명언들을 어린 시절 마음에 새기며 읽어 나갔다.

1945년 민족 해방이 되고 6·25 동족상잔은 꿈 많은 대학 2학년이던 나의 앞날의 이정표를 산산조각으로 바꿔놓았다.

피난지 부산에서 결혼하며 시모님 뫼시고 오 남매 키우며 어려운 일이 닥쳐 힘들 때 남편에게 어쩌나 하고 바라보았다. "추운 겨울 지나면 따뜻한 봄이 오리. 어떠한 고통도 인내로 참아 넘기면 끝이 있으리라."는 여운을 내비친 남편이 차분한 목소리에 아무 말 못하고 돌아서 눈물짓던 내 모습이 생각난다. 아무리 매서운 삭풍이 몰아쳐도 그의 말처럼 잔잔한 물결로 아등바등하지 않고 참으며 지나가리라 하며 지나온 세월이었다.

그는 쉴 새 없이 원고지, 메모지 공책을 실어 오며 "글이나 쓰시지" 하지만 나는 집안일로 동분서주東奔西走해야 했다. 바쁜 내 모습을 눈으로 보면서도 한 치도 가망 없는 말을 하곤 했다.

아침 해가 뜨면 시모님은 안방에 오셔 아랫목에 앉아 TV 보시며 하루 지내시니 종일 말동무 해드리고 시중들어 드리는 것도 내 일이었다. 저녁때면 학교에서 돌아온 아이들이 들락거리니 내 방에 잠시 마음 자락 머물 틈이 없었다.

창밖엔 작년에 강남 갔던 제비도 찾아오고 남쪽에는 홍매화가 피었다는 소식이 전해온다. 봄이 오는 소리 들으며 어릴 때 신문과 책을 벗 삼으며 드나들던 고즈넉한 사랑방에 앉아 있는 어린 나를 회상하며 아흔 고개 훌쩍 넘은 세월에 감사한다.

　나에게 주어진 한 칸 방에서 두 번째 수필집 상재하는 걸 남편도 보고 있으려니 생각하니 기쁘다.

　첫 수필집 펴낼 때 결혼한 손녀딸이 떡두꺼비 같은 증손 형제를 두었다. 작년에는 막내딸에게서 샛별 같은 증손녀가 태어나 스마트폰이 쉴 새 없이 웃음꽃을 보낸다.

　몸은 세월 따라 늙어가지만 나이 든 만큼 좋은 것이 주어진 시간은 충만한 행복감을 주고 있다. 옛 시조집을 읽다 지금 내 마음과 같이 그려져 있는 시조인 듯하여 옮겨 적어본다.

> 이러하나 저러하나 / 이 초옥草屋 / 편코 좋다
> 청풍青風은 오락가락 / 명월明月은 들락날락
> 그중에 병 없는 이 몸이 / 자락 깨락 하노라
> 　　　　　　　　　― 무명씨, 『시조의 향기』에서

2022. 2. 22.

제 밥그릇 어디 갔어요?

 80년 전 아침 밥상머리에 앉은 어린 나는 밥그릇이 일본식 '공기'로 바뀐 것을 보고 "제 밥그릇 어디 갔어요?" 하고 떼를 썼다.
 1940년 초반 태평양전쟁 막바지에 승승장구하던 일본제국은 호시탐탐 대륙 침략의 발판으로 팔도강산을 침략하며 순박한 백의민족인 우리의 숨통을 조이기 시작했다.
 우리말 말살, 신사 참배, 창씨개명 등 정신적 압박을 가하며 그것도 모자라 주식인 쌀을 공출하여 일본으로 실어 갔다. 그리고 전통 식기인 유기 놋그릇을 그들이 일으킨 전쟁에 무기로 만들기 위해 싹 쓸어갔다.

 유기그릇은 왕실에서부터 양반집, 민초에 이르기까지 폭넓게 애용하였다. 그런데 일제는 제사상에서 사용하는 제기 향로, 촛대, 그릇(일상 사용하는 반상기), 밥상에서 사용하는 소반, 밥주발, 대접, 수저, 생활용품인 세숫대야, 함지박, 주방용품 일체를 군수물자 창출을 위해 걷어 가기 시작했다. 서민들의 전통 유기 놋그릇은 밥, 국,

나물, 고기 등 다양한 음식을 담아냈는데 점차 우리네 주방에서 사라졌다.

우리 한민족 고유의 수공업 발달로 문화재인 청자靑磁, 백자白磁가 빚어지듯 묵직하고 믿음직스런 방짜 유기는 놋쇠로 만든 그릇이다. 놋쇠는 구리(銅)를 기본으로 서로 다른 성분의 비철금속(금은, 구리, 아연 등 철 외의 금속 통칭)을 배합하여 만들었다.

구리 78%, 주석 22%로 이루어진 놋쇠 덩어리를 1,200℃ 이상의 온도로 달구어 망치로 두들겨 펴가면 형태가 만들어진다. 사람의 손으로 만든 그릇이기에 자로 잰 듯 반듯하지 않지만 작고 아담한 그릇은 귀하고 아름답다.

방짜 유기는 스스로 살균, 소독하는 그릇이며 식중독을 일으키는 대장균의 하나인 O-157을 죽이는 살균 효과가 있어 농약, 화학약품이 닿으면 색이 변하며 무독무취의 무공해 제품이다. 대장균의 살균 효과가 있어 찬 음식을 즐기는 여름에 체감온도를 5℃ 낮추기도 해 여름엔 풍미를 음미하며 시원한 냉면을 즐길 수 있다. 반대로 겨울엔 따뜻하게 온도를 오랫동안 유지하며 음식 맛을 살려 혼이 살아 숨 쉬는 사람의 몸을 살리는 생명의 그릇이다.

경기도 개성開城, 안성安城 지방의 유기가 손꼽히는데 특히 안성의 맞춤이 품질이 좋아 아름다운 안성 유기를 조정, 관아에서 사들이면서 '안성맞춤'이란 말이 생겼다.

남정네 밥그릇은 주발周鉢이라 하며 납작하고 한복판에 둥글게 수壽·복福이 쓰여 있었고, 어머니와 어린 나의 밥그릇은 한눈에 절로 손이 가게 포근한 어머니 볼록한 젖무덤같이 가운데 꼭지를 잡고 뚜껑을 열게 되어 있었다. 구수한 냄새가 새어 나오고 기름이 자르르 흐르는 고슬고슬한 쌀밥이 입안에 들어가면 어머님은 얼른 반찬을 올려주시곤 했다.

예부터 선조들은 '밥은 백성의 하늘', '밥은 보약', '밥 한 알이 귀신 열 잡는다' 했다.

추운 겨울날 학교 다녀와 안방 아랫목 담요에 발을 들이밀면 보에 쌓인 따끈한 아버님 유기 주발이 발에 닿았다. 작은 유기 함지박 속에는 약밥, 인절미, 연시 등 추위에 얼은 몸을 녹이며 출출한 우리의 허기를 채워줄 간식거리가 기다리고 있었다.

그러나 이런 일상적인 식생활 도구는 소소한 어린 날의 추억과 함께 그 후 모조리 사라져 버렸다.

은은하고 신비한 광택의 노란빛을 띠는 유기는 오늘날엔 귀한 그릇이 되었다. 선대까지는 기왓장을 가루로 부셔 짚으로 닦느라 부엌에서 여인네들이 번거로움을 감수해야 했었는데, 이제는 유기 제조 기술이 발달하여 귀한 그릇이 되어 전국적으로 인기를 얻고 있다.

유기는 휘거나 잘 깨지지 않고 비교적 변색이 일어나지 않으며 쓰면 쓸수록 윤기가 나는 장점이 있다. 여기에 제품이 맞닿을 때 나는 영롱한 소리에 품위가 더해져 오늘날 그 가치를 높이 평가받고 있다.

  잊었던 우리 민족 고유의 전통, 선조들의 지혜와 혼이 담긴 놋그릇이 다시 빛을 보아 온 국민의 밥상머리에서 사랑받아 건강도 지키는 날이 멀지 않아 올 것을 기대한다.

2022. 7. 24.

방 한 칸의 우주

초판 1쇄 발행 2023년 7월 5일

지은이 | 박기숙
펴낸이 | 박서영
펴낸곳 | 한국산문

편집 | 정진희 박윤정
디자인 | 백상준

등록 | 제2013-000054호
주소 | (우 03131) 서울특별시 종로구 율곡로6길 36, 207호, 208호
전화 | 02-707-3071
팩스 | 02-707-3072
이메일 | koreaessay@hanmail.net

ISBN 979-11-983084-0-5 03810
ⓒ 박기숙, 2023
값은 뒤표지에 있습니다.

*책값은 뒤표지에 있습니다.
 잘못 만들어진 책은 교환해 드립니다.
 이 책 내용의 일부 또는 전부를 재사용하시려면 반드시 저작권자의 동의를 얻어야 합니다.